我的青春我的梦
全国中学生校园美文精品集萃丛书

人间最重是，三五少年时

白衣美少年只是个传说

《中学生博览》杂志社 选编

时代文艺出版社

图书在版编目（CIP）数据

白衣美少年只是个传说/《中学生博览》杂志社选编．—长春：时代文艺出版社，2018.8（2023.6重印）

（"我的青春我的梦"全国中学生校园美文精品集萃丛书）

ISBN 978-7-5387-5775-0

Ⅰ.①白… Ⅱ.①中… Ⅲ.①作文－中学－选集 Ⅳ.①H194.5

中国版本图书馆CIP数据核字（2018）第011579号

出 品 人　陈 琛
产品总监　郭力家
责任编辑　王 峰
装帧设计　李 斌
排版制作　隋淑凤

本书著作权、版式和装帧设计受国际版权公约和中华人民共和国著作权法保护
本书所有文字、图片和示意图等专有使用权为时代文艺出版社所有
未事先获得时代文艺出版社许可
本书的任何部分不得以图表、电子、影印、缩拍、录音和其他任何手段
进行复制和转载，违者必究

白衣美少年只是个传说

《中学生博览》杂志社　选编

出版发行/时代文艺出版社
地址/长春市福祉大路5788号　龙腾国际大厦A座15层　邮编/130118
总编办/0431-81629751　发行部/0431-81629758
官方微博/weibo.com/tlapress
印刷/北京一鑫印务有限责任公司
开本/700mm×980mm　1/16　字数/153千字　印张/11
版次/2018年8月第1版　印次/2023年6月第5次印刷　定价/34.80元

图书如有印装错误　请寄回印厂调换

编 委 会

编委会主任：刘翠玲　夏野虹　高　亮

编　　　委：宁　波　孟广丽　张春艳

　　　　　　李鹏修　苗嘉琳　姜　晶

　　　　　　王　鑫　李冬娟　王守辉

目录

白衣美少年只是个传说

不打扰，是我给你的温柔 .... 冷锋过境 / 002

光棍男只过女生节 .... 何予末 / 007

不二 .... 赫　乔 / 010

爱到深处是无言 .... 李　想 / 013

煮妇 .... 椴椴椴 / 017

亲亲我的 LuLu .... 27 无责任解说 / 020

时间溺水者 .... 二　笨 / 023

白衣美少年只是个传说 .... 左　夏 / 027

十五岁那年的旅行

阳光灿烂的夏天 .... 李慕白 / 030

我不是你的那首情歌 .... 夏白洛 / 034

无人知晓栀子心 .... 陈勋杰 / 038

你是我水样青春中的那丝涟漪 ……… 筝涛似水流年 / 044

猪要唱给芒果听 ……… 浅　夏 / 048

方晓舟的球鞋 ……… 傲　详 / 051

木头先生 ……… 笛　尔 / 055

十五岁那年的旅行 ……… 微光·莫莫小呆 / 057

为明天攒故事

好想告诉你，我没有忘记 ……… 舒　木 / 062

纪行 ……… 曲玮玮 / 065

流浪在云端 ……… 傲　详 / 070

穿过麦浪的小狐狸和豌豆 ……… 滴水无痕 / 077

当图书馆成为战壕 ……… 赫　乔 / 084

如果有那么一个人 ……… 李思珊 / 087

木马旋转旧时光 ……… 陌筱旋 / 089

流年碎影 ……… 单　弦 / 093

为明天攒故事 ……… 小妖寂寂 / 096

谢谢你给的，那片瓦蓝瓦蓝的天空

镜子狐狸 ……… 冯　瑜 / 100

红线绕指，莫失莫忘 ……… 水龙吟 / 107

小逃亡，大躁动 ……… 黄　懿 / 109

二笨+某笨 ……… 二　笨 / 114

我要去献血 .... 左筱错错错 / 117

飞越沧海 .... 高一丁 / 121

谢谢你给的，那片瓦蓝瓦蓝的天空 .... 温不柔 / 125

与你有关的寂静欢喜

春天里 .... 亦青舒 / 130

爱里没有偏见 .... 程　萌 / 135

雪割草，开到荼蘼 .... 高萌阳 / 144

夏日里的那场滂沱大雨 .... 浅　洄 / 152

与你有关的寂静欢喜 .... 沐子眠 / 155

爱的光泽，穿过指尖的缝隙 .... Aian / 159

虚宴 .... 简　唯 / 164

白衣美少年只是个传说

摆在我面前的赤裸裸的现实是：放眼望去，一片杂草，蔚为壮观的景象。所谓的白衣美少年就只是年少的传说罢了，上了高中则更是如此：不修边幅的大有人在，他们每天趿拉着人字拖在校园里晃来晃去；长相大众的一抓一打，过目即忘；举止绅士的基本灭绝，小卖部前人山人海，汗味熏天把我逼了出来；谈恋爱的一对一对，怎么看怎么不像小说情节，安然如昔，平淡如水。

不打扰，是我给你的温柔

冷锋过境

1

当我挎着书包抱着一份三流的成绩走进这所三流学校的那一刻，我就断定自己从此踏上了一条不归路。我原本打算继续昏昏欲睡状过完我三年的高中生活再说，可当你被调到我的邻座时，却突然觉得这接下来的日子应该有点意思。

我们终究是不同的，生活在同一个世界却身处不同自然带。你温暖、静谧、可爱、聪明，默默地坚守着自己心中的一片雨林，谁都不能否认你是一个品学兼优的好孩子，你像极了九把刀的沈佳宜，却比她更加美好。而我的世界一片荒芜，上课睡觉下课打闹，成天无心向学，喜欢和兄弟们成帮结队到处生事，是老师们恨不得钻头加钳子合力拔掉的眼中钉。我做过柯景腾做过的坏事，甚至比他更恶劣。所以我一直都没整明白，老班怎么就把我们放在一起了。终于，在我无数次上课下课盯着你冥思苦想之后，得出一个自恋的结论——我们看着有眼缘或者夫、妻、相。

在我不小心把后面三个字加重语气之后，我就开始后悔自己把这话给说出来了。瞬间觉得背后凉意四起，你恶狠狠地瞪了我一眼，外加毫不留情的一踩……大姐啊！这是我娘亲刚给洗白白的鞋子啊！！原来你也有这么暴力的一面啊！

2

听别人说，习惯一件事至少需要二十一天，可是却没有人告诉我戒掉一个习惯需要多久。

我又一次从睡梦中醒来，不假思索地拿起笔和本子整整齐齐地把板书抄了一遍，然后随手往右边潇洒一扔，头也不回地等着一句"你小心点好不好，又砸我头了"。可是，一秒，两秒，五秒……尴尬地把头往右一转，果真看到老狼无奈地盯着我摇了摇头。我又忘了，现在的同桌，不是你。

高一那会儿，我们坐在倒数第三排的窗边，你有些近视，还没去配眼镜，每次抄板书都很吃力。我也不知道当时的自己是哪根筋搭错了，竟然会为了让你下课不用到处跟人借笔记，放弃掉大把大把睡觉玩手机打游戏的美好时光而开始抄板书。你们这些喜欢啃书的好学生永远也不会知道，一个十多年来几乎不做笔记的人要连听带记需要多大的勇气和毅力。可是连我也不知道，自己竟然可以战胜睡魔坚持下来。

我当时多么感谢上帝赐予我一双明亮的眼睛，可现在视力再好又有什么用呢，就算望眼欲穿也穿不过六面墙。现在的我们不同，我抄写的是碳氢氧氮磷，你记下的是亚非北南美。其实当初文理选科的时候也纠结了很久，但最后还是跨进了理科的大门。以我对你的了解，你一定不会欣赏一个为了感情放弃梦想的男生。

我知道我们的距离并不是隔着一条长长的走廊那么简单，但每次下课都还是会找机会故意路过你的班级——你们文科班的老师总爱拖堂，所以大多数时候会看见你在认真地听讲。你已从倒数第三搬到第二排最中间的位置，板书看得一清二楚，不需要再借任何人的笔记。听说你还配了眼镜，可惜一直没机会看看你戴的样子。每次以蜗牛般的速度经过你的门口，都会遭到兄弟们的一声声起哄，于是拖着他们赶紧走过。有一句被嚼烂的话怎么说来着，不打扰是我给你的温柔。

3

一个朋友跟我说：这种近距离的感情根本让人分不清是真正的喜欢还是一种习惯，如果当初不是她而是别的女生和你同桌，那你喜欢的一定不会是她……我把这些话想了又想，挤破脑门儿终于得出一个结论。是的，如果有那个时候我喜欢的可能不是你，但我不一定会喜欢另一个女生。因为，有些连我自己也无法描述的特质，只有你身上有。

我一直都无法理解你一个女生怎么那么喜欢在课桌上画一坨又一坨的屎。有天我终于忍不住发问，你睁着大眼睛转过头来一脸疑惑地说："这是便便不是屎。"我瞬间三条黑线，"大便和屎不是同一物种吗？！"没想到，你转过身去特认真地边画边说："便便它们是可以变成懒羊羊和冰淇淋的。"然后，看着你三下五下地把传说中的——屎、便便——变身之后，我彻底服了。

总有一些"见不得人"的事儿是只准自己一个人独享的，比如——我会逮着你晚修没来的日子偷偷学着你手持2B铅笔小心翼翼地将课桌上你画的图案描黑，再小心翼翼地用透明胶带粘下撕起把被印着的图贴到课本上。

我家有一个木制的小盒子，里面全都是与你有关的回忆的载体。

4

总爱狐假虎威的化学老头儿又在讲台上喋喋不休地重复着那些烦躁的化学方程式。老头儿一般不屑于和我们这班占据教室后面领地的体育生打交道，今天竟然点名让我起来回答问题。本来逮着机会想和兄弟们好好捉弄捉弄他的，却不小心瞥到了黑板右下角的值日生号。如果是一年前，今天就该我们一起值日了吧。

那时候，每次一轮到我们值日，我就会异常兴奋（天知道以前值日我都是能溜则溜的），所以常常会在那天制造更多的垃圾；每次扫地都会扫得很慢；明明一桶就可以装满的垃圾我偏要分成两桶，这样你就会和我一起去倒……有一回你不小心打翻了一个玻璃瓶，碎片在我手上割了好大一个口子。细腻如你，随身携带的邦迪立马给我贴上。当时我多么希望你问我说你该怎么负责，那么我一定会让你选择终身为奴或者以身相许。当然，这些邪恶的玩笑只是想想而已，你始终没有说过那么滥情的话。而我，最后还特别厚脸皮地跟你又要了一块创可贴，就当作，你给我的补偿吧。

5

平安夜那天，我终于鼓足勇气拦下了你，把去年没敢送出的苹果迅速放在你车篮后扬长而去。不用看也知道你一定愣了三秒之后才反应过来，指着我们远去的车子"喂喂"地喊。经历了这件事，你才知道我喜欢你不是平时的玩笑。

一个多星期后的傍晚，从教室出来已没有什么人，刚好撞见不远处一个眼镜男拦下了你，这场面用脚趾头想也知道叫作告白。那时候，我待在那里甭提有多紧张，就生怕你答应了。而后，看着你嘴型好像说了句"对不起"之后就匆忙离开。经过我身边时才发现了我的存在，你抬头尴尬地看了我一眼后似笑非笑地点了个头便跑下楼去。我看见眼镜哥错愕地往我这边瞧了一眼，一脸沮丧，我突然心生一股胜利感，双手插兜嘲讽似的看着他，像是宣战，也不知道自个在自豪个什么劲儿。

下楼的时候看见你掉在地上的书签——喜欢的歌，静静地听；喜欢的人，远远地看。这一定是你喜欢的心情，因为你总会有用繁体字认真誊写自己所钟爱的文字的习惯。"喜欢的歌，静静地听；喜欢的人，远远地看。"我不断叨念,似乎想用力地雕刻在心里。

几天后,我在新一期的校刊上又看到了这句话,那篇文章中有一些字句一直让我记忆犹新——青春里最美好的事情不是他说我喜欢你然后你说好我们在一起,而是你会因为这份情愫开始努力让自己变得更强大……喜欢一个人不应该是心力交瘁地长久仰望,而是你可以勇敢地与之平视毫不怯场……这位笔名"木鱼"的作者一定是你,对吧?

6

那一年,高一。文理选科的两三个星期前,某天,你突然对我说:"我知道你很讨厌我,我能谅解你的,我要是你,早就因为有我这样一个同桌而崩溃了,再忍忍吧,再过两个星期你就解放了。"

我听完哼着歌说:"是呀是呀,终于我要解放了。"

可是你知道吗,我当时想说的真的不是这个。那时候我多么多么希望你可以再恶狠狠地瞪我一眼,或者带点失望的表情让我知道其实你也是会舍不得,可是你没有,所以我始终都不知道你是真的一点都不在意,还是把在意藏在心里,所以我一点儿也不知道你对我的感觉或者你是否有把我这个同桌当回事。

教室后面的高考倒计时已由三位数变成两位数,再过几天就要一模。现在依旧会对你充满想念,也依旧会想方设法参与你的生活。上次看到了你一直在进步的成绩,我依然很是开心。

我的体育成绩过本科线了,可我的文化课依旧一塌糊涂。我突然想起"木鱼"说的话,和你对我说要加油的表情,所以,我终于决定,要带着你所说的喜欢完成青春岁月里最美好的故事。

光棍男只过女生节

何子末

2011年11月11日00点01分，一个清华哥们发来信息：节日快乐。清华真照顾我们这些单身汉，过完光棍节就让我们过男生节以示安慰。我不甘示弱地回复：我们学校也很照顾人啊，女生节的活动就是为光棍提供各种机会。

11月11日。川大的女生节与全球的光棍节撞在了一起，一场由男女生共同参与的有预谋有计划的大型"非诚勿扰"拉开帷幕。早在11月11日到来的N天前，女生节的各种宣传就已经漫天飞了：围合公告栏里粉红、淡紫、淡蓝各种小清新小文艺的海报贴了又贴，一张比一张惊艳动人；长桥的每根灯柱子上都系上了粉色桃心形气球，朴素的乡村大妈变成了活力四射的靓女；青春广场上更有"拉客"者拽着过路的姑娘写下心愿纸条……

10日一大早，青春广场上就热闹开了：各种华丽丽的展板、摊点一一到位。我从食堂出来本想偷偷摸摸绕过广场，结果手里的包子才啃了半口，就被一男一女堵住去路："姑娘，明天女生节哦！有没有想实现的心愿呢？一定有的，赶紧写下来吧！说不定哪个男生会帮你实现愿望哦！"说着就拿着便笺纸和笔往我手里塞。

我真是欲哭无泪，姐姐，我马上就要迟到了啊，哪有时间跟你们玩！胡乱把手里油腻腻的包子塞进嘴里，惊恐地跟他们指对面的教学区，口齿不清地挣扎："写，回来一定写！！"我就是这样生硬地从广场上杀出一条奔向教室的血路！

中午下课后站在长桥眺望前方，顿时觉得头大：为嘛广场要夹在长桥和食堂中间，挡住我冲去食堂的星光大道！果断逃不了了，为了表现自己对青春的热爱，胡乱在伸过来的便笺上写了几个愿望："求赐冥王星返程车票一张""一卤猪蹄，不解释""求人同搭车去柏林"……按规定，在每张纸条上留下手机号码，然后再郑重其事地贴在展板上。我边写边想：这么多的纸条，鬼才会来撕我的！

2011年11月11日，所谓的神棍节终于来了。七点半，趁在广场醒来之前，就赶紧抱着一天的干粮奔去图书馆：惹不起我还躲不起！学姐说过，心智成熟的女子应该保持一种淡漠：热闹是他们的，我什么也不要。

结果又被一群骑自行车的男生拦下了！他们自称是服务队的，今天负责接送女生上下课。离我最近的男生握着龙头一脸悲壮地说："您就让我送你去教学区吧！"我看了看他身后一群幸灾乐祸的脸以及被其他男生拦下来的女生，只好厚着脸皮说："那赶紧走啊！"（后来在得知有些男生是被"抓壮丁"抓来为女生服务的，并且规定服务次数的时候，我差点把门牙都笑掉了。）

由于该悲伤的都悲伤去了，该恋爱的都恋爱去了，图书馆的人出奇得少，只有稀稀拉拉几个落寞的身影。每年的光棍节，成都的天气总是出奇的好，坐在图书馆的落地窗边晒着太阳看着书听着歌喝着茶就昏昏欲睡了。

猛然，一阵手机震动犹如惊雷般划过图书馆的寂静，正纳闷谁这么缺德手机不关静音，清醒后却发现是自己的。一个莫名其妙的号码。

在哪？

图书馆。

图书馆的哪？

三楼西边的落地窗边，太阳刚刚好。

嗯，你站在窗边来看看。

好奇心果然害死猫啊，一个男生站在图书馆外面的草坪上，努力仰着头，拼命跟谁挥着手，手里还拿了个什么东西——原谅近视的孩子看不清。重新回去拿了眼镜才看清他手里拿的什么——居然是一个猪蹄！一个在阳光下闪闪发光的猪蹄！多么温馨的画面，多么美好的生活，就这么活生生被一个猪蹄给糟蹋了！赶紧收拾家当换楼层！

等到太阳落山，终于敢缩头缩脑地从图书馆里冒出来，路过广场，已是曲终人散。不过，那块巨大的展板依然摆在中间，上面各色气球彩带随风摇曳以及密密麻麻五颜六色还没来得及被男生撕下的纸条。展板前，还立着一群把脖子伸得老长的寂寞光棍男，有模有样地评论每一张纸条的内容和字迹，并对写下此纸条的女生抱以各种天马行空、心怀不轨、离题万里的猜测……

不 二

赫 乔

来报到的那天,姐姐、格格、文文火速打成一片,我不动声色地读《坏女孩的恶作剧》。格格来问我,你喝水吗?我淡定地告诉她,我一个月都不一定喝一口水的。

后来格格回忆,那时候她的第一反应就是,宿舍来了个不食人间烟火的极品女。但事实上,我那天只是累得腿抽筋没心情说话,而刚好又是不怎么喝水的酸奶控一枚。

等小萝莉、大萝莉驾到后,六个人的寝室正式开张。一个月之后,我在空间里重重敲击键盘:都是妖孽。

六个人来自六个不同的省份。我是黑龙江的,小萝莉是辽宁人,她最萝莉的特质是声线甜美,但一说起东北话,就成了疯婆子。让人惊恐的是,她纯正的东北话淡化了我也是东北人的事实。于是我默认自己普通话比较标准也是没办法的事了。

格格是山东口音,文文近来东北味窜生。至于姐姐和大萝莉,每次她们打电话说起乡音我都会一惊一乍地以膜拜姿态仰视她们神一样的存在。

姐姐第一次在宿舍打电话时,我在吃米线,听着她对着话筒叽里呱啦,我不禁淡定地感叹,不愧是外国语学院的,英语这么流利。当我猛然发现一个单词都听不懂的时候,我震惊了,她说的是韩语!她挂掉电话，我很亲切地凑过去，你会说韩语啊？姐姐表情诡异，笑，我说的是家乡话。

大萝莉一直是传奇人物。她在宿舍养了杜鹃和青椒，现在的它们可怜巴巴地躺在阳台上。我们一说这俩孩子可能是死了，大萝莉就会一脸的单纯茫然，说我浇过水的呀……她还引进了三只小仓鼠，一只叫毛概，一只叫思修，一只叫近纲。叫起来很爽。但是它们白天呼呼大睡晚上咯吱咯吱玩转轮锻炼身体的生活作息直接或间接地扰乱了我们的生活。后来大萝莉把它们送走了，寝室就不那么拥挤了。

文文就是一枚实打实的小妖精，这是个军训期间跳起肚皮舞让连长都hold不住的姑娘。她做发型和化妆都很厉害，妖艳地穿梭在每天的生活中，凑过来搭讪的正太和大叔们知道她未成年时都震惊了。她每天的必修课就是哼哼唧唧，许嵩的歌是她的声音模仿专题，iphone的Talking Tom就是她的次生代好姐妹。

格格是德语版的最高统治者，但她有一颗凌乱无序的心。我觉得这是宿舍文化的熏陶。因为我每天上网聊天看电影熬夜到凌晨三点，她就会上网看小说玩游戏到我睡觉。尽管这个理由太尴尬了，我们只是用彼此诠释着夜猫子的特质，但是不能否认，我们有一颗永不熬夜的心。好吧，这孩子已经把单机纸牌和植物大战僵尸玩到登峰造极了。

刚开始的那一个月，我们宿舍是出了名的大二寝室——大三的学姐进来第一反应就是，你们不是新生啊？基本标志就是我们这小屋惊世骇俗的乱，我和大小萝莉共同的书桌没有一天不是满的，而这个满中有大萝莉的三分之二，三分之一是小萝莉的，我可以忽略，理由是把一块煤扔进煤堆里再去找是特别恐怖的一件事。有那么一段时间，我们宿舍地上是找不到地方站的。那时候有个宿舍文化节，我和格格商量，咱整个丐帮吧。直到有一天小萝莉爆发了。其实最爱干净的是姐姐，但是姐姐比较温柔，而小萝莉燃烧了她的悍妇本质，宿舍火速转型。

我们宿舍的文化其实"吃"字当头。某一天，我、文文、格格在毛邓课上击掌宣誓开始减肥大业，当天晚上，我吃了糖葫芦，文文买了煮玉米，格格抱了一大桶爆米花回来。没办法，所有想减肥的姑娘其实都有一张停不下来的嘴。而且，自从那次约定减肥后，我们不约而同地变本加厉了作为吃货的吸纳值。

神棍节那天，宿舍唯一不过节的文文请我们吃熊猫蛋糕，而那只熊猫长得真像喜羊羊。我们没有去单身舞会，没有狂欢，也没有"脱光"。有很多事，在这个小窝里一起high一下就会是很好的时光。

我怎么说到这又有点矫情了。其实，我们宿舍有六个妖孽。而我在计划中的网店主题也迅速靠向这两个字。妖孽，出了门可能中规中矩、可能高傲、可能霸气、可能卖萌、可能只是模糊的样子，但是，把真正的自己留给这个窝，成为一种习惯。

在想宿舍名字的时候，我们互相雷得外焦里嫩了。什么五井六妖室，什么半边天搞怪一家人。最后我还是用了不二。因为我们宿舍是522，介绍的时候，就会说这是一个比别的宿舍多几个二的寝室，但是不是的。

爱到深处是无言

李 想

北京到西安这条铁路还未修好之前，父亲一直是建筑工地的一名普通工人。他走的不过是寻常道，过的自然是普通人的青春。

父亲给我留下的印象，好像美国影片《当幸福来敲门》里的父亲一样，简单、执拗、保守。始终是憨厚老实，最大的愿望就是能让自己的儿子过得幸福。

小学的时候，曾有一篇作文《我的理想》，老师要求写出自己以后最想做的事情，并付诸行动去做圆梦人。同学的理想绚丽多彩，丰富而耀眼。我当时的理想是当一名街头小丑，原因很简单，因为它能给我带来快乐，我也希望能给大家带来快乐。那时的我，在作文本上满满列举了十几条，如何完成这个理想的计划。

自认为完美无缺的作文，却遭到老师的痛批。胸无大志在那一段时间是我被嘲笑的代名词，和其他飞行员、企业家、建筑师的理想比起来，我显得既无知又渺小。

一次家长会上，老师无意间提到了这件事，却引得憨厚老实一直都受人欺负的父亲勃然大怒，在教室里与老师大吵一架。

老师说，我的理想不够伟大，思想落后，以后不会有大出息。

父亲好像受了奇耻大辱，摔门离开时不忘甩下一句："你懂什么是伟大吗？孩子喜欢的它就是。"

和他以往的逆来顺受相比，这是我觉得他最男人的一次。

父亲看似浪漫、故作坚强。如果你问我，这就是我对父亲的评价。

建筑工地上尘土飞扬的雾霾里，总有一个熟悉且坚毅的背影。自我记事起，这个背影的主人一直都在这片滚滚的烟雾中，十多年来一直未曾发生过改变。

我曾想是什么样的支撑，能让一个人在如此枯燥乏味的环境中坚持下来，从未有一丝疲倦。我无数次穿梭在被绿色脚手架包裹起来的钢筋铁骨之间，每每透过绿网的破洞看着里面席地而睡的工人，他们的胡茬上经常凝结着一层如同白霜一样的东西。藏污纳垢的面容背后，仿佛有一种难以企及的沧桑，或是面对生活无奈而遗留下的千疮百孔。

看着这些令人同情的工人，我的心中不禁荡漾起了一股暖流。我的父亲一直都在这群人之中。

他总是在我面前表现得信心满满，不输于人。纵然天塌地陷，也不会在我面前表现出丝毫的慌张。他努力干着一份并不体面的工作，尽最大的努力满足自己孩子的一切要求，他希望儿子能出人头地，不需要像他一样整日为生计奔波。

他希望自己有朝一日能成为某项目部的经理，但每天干的全是砌砖抬砖的体力活，十根手指在漫长的苦熬岁月里，过早地扭曲了。粗糙的手掌，像胡碴儿一样刺人皮肤。

拿到大学录取通知书那一天，母亲高兴得四处炫耀，进门出门都是唱，逢上亲戚朋友就说我小时候的功绩，什么每天学到十一点都不睡觉，整天就会看书……

父亲不说话，只是抽着他的劣质香烟，逢人问到我，他只是笑眯眯地点点头，连个好坏都不会说。不能将我的父亲与美国沐浴着金色阳光的父亲相比，他永远不会亲热地抱着他的儿子，更不会说个爱字。他表达爱的方式都很搞笑笨拙，会将工地过时的水杯拿回来高兴地送给你，或者尽力把褶皱的白衬衣熨得和专卖店里的一样，会因为放学迟迟不回家而在门口焦虑地抽着烟。

我相信大多数人的父亲都一样，他们没什么光鲜艳丽，因为工作压力还有着许多职业疾病，都干着十年如一日的工作，表达爱的方式都很笨拙，但我们百分百可以肯定他们绝对爱我。

你问我世界上的父亲是什么样的，以前觉得各不相同，现在看来大致都一样。

我们小区的清洁工里有一个五十几岁的老头，每天对着炎炎烈日把小区的垃圾归类整理，再扔到小区外的垃圾池里。

看着他两鬓花白的头发，我始终觉得他的儿女一定很不孝，怎么会让一个年过半百的老人干这样脏累的活儿？有几次中午趁着他在树荫下休息，我听见有人问他的家事，他说自己有两个儿子，大儿子已经成家立业，小儿子还在上高中。大儿子刚刚按揭了一套房，他不想给儿子增加负担，但老家的土地活自己也做不动了，所以就到城里来，骗儿子说自己在个小区看大门，没干什么活。每个月他还瞒着大儿子给小儿子几百元的生活费。

他说，再过一年，小儿子考上大学了，他也就回老家了。

他们努力工作，目的就是为了给儿子创造出一个不必考虑尴尬问题的条件。

我记得小时候，我喜欢画画，父亲就把我送到绘画班，过几天我想去弹琴，他就把我送到钢琴班。当时家境并不富裕，母亲经常骂父亲："你就惯着吧，等哪天他要喝你血吃你的肉。" 就算被骂，父亲也从来一声不吭。

长时间从事重体力活的父亲，回家之后身体疼痛眉头紧锁。有时候，我的心也会突然有过刺痛，我说："不要再去什么特长班了。"

父亲总是在这时表现出无尽的活力，把一切疲劳扔在身后。认真地告诉我，其实自己每天都在努力工作，老板也很赏识自己，过不了几天就有办公室了,而且会掏出钱包拿出几百块钱说:"其实爸爸私底下藏了很多钱呢。"

我很骄傲,深以为老爸就是个小金库。

现在你问我父亲是什么,我会说:"父亲就是那个好像很潇洒和浪漫的人,总是在儿子面前装得若无其事,他们迫切地希望自己的儿子能过得幸福快乐。"

煮　妇

榀椴椴

煮妇，顾名思义，煮饭的妇女。引申义，煮饭的人。属个人理解，非官方说明，参考需谨慎。

父亲是家里的主厨，所以，我在初二之前，只会把面条放进沸腾的锅里，盖上盖子，揭开盖子，撒盐巴，再起锅。是的，我当时是一个连油都不知道要加的人。也只有短袜子这个段位比我更低的家伙会对我做的面条有再来一碗的欲望，她向来只会用开水泡方便面，连煤气炉都打不着。

初二是个分界点，因为我开始往更高级的段位攀爬，比如煎鸡蛋。那年暑假到外婆家，外婆操心道，女孩子怎么可以连煮饭都不会呢？这样子怎么嫁得出去呢？外婆严肃又忧虑的语气和神情，让当时的我觉得，只会做加盐面条的自己简直是大逆不道罪恶滔天。于是，外婆被"不能让外孙女嫁不出去"的重大责任感鼓舞着，从鸡蛋篮里捡出一枚特大号的，当场就预言，这应该是双黄蛋。交接时，我顿感身负重任，这要是煎坏了，保不齐就是一尸两命啊。

点火，热锅，放油，我握着也许是双胞胎的鸡蛋，忐忑地想，这要怎么剖腹产啊？外婆下达指示，砸在锅的边缘就可以了。我提气，"哐！""哐！""哐！"蛋们也许会觉得我是盘古，在开天辟地。可我一看到大裂缝，就慌了，哇哇鬼叫，我迅速想到父亲每次打鸡蛋，都会把敲破的蛋壳掰成两半，放出蛋黄蛋清。我狂喜着效仿，用力一掰！把蛋一放！把壳一扔！一时间，全家死寂。我也不知道为什么会出现俩蛋黄平躺在锅外，而蛋壳却惊现于锅里的局面。但可以肯定的是，这确实是双黄蛋。

后来，我慢慢地能把蛋煎得金黄明亮，还可以心安理得又矫情做作地想象这是一颗小太阳。

高三毕业之前，我只会这两样，盐面条，煎鸡蛋。但我满意地认为这已经可以是很丰盛的早餐了。

高考后的某天，细菌妈买菜时遇到朋友，交谈间发现对方的小孩儿已然把握全家厨政大局，顾彼思此，当下就决定把家里的伙食全权交给细菌。

细菌就此踏上煮妇的道路。买回食材，处理活虾，腌制牛肉，翻炒蔬菜。几乎每天都可以看到细菌的动态跟食物有关。一群朋友有时也会约在某个人家里一起煮吃的，比如凉拌、炸饼、鸡肉卷。基本上都是细菌主持大局，我们一群向来不沾锅的家伙完全可以在额头上贴"蹭吃蹭喝"的字样表明本质。于是，孤身在煮妇道路上前行的细菌，寂寞了。

看到细菌这么勤恳地奔波在厨房里，我笑得很有内容地对细菌说，"我们要一直当好朋友哟。"细菌喷我，"你再这么不思进取我就休了你哦。"就这样，我扑棱着追随细菌变身煮妇。

蒜蓉粉丝蒸鲜虾。这个菜，在父亲的指点下，我学会了处理活虾，同时活虾的挣扎暴露出我凶残的行为。在班群里讨论学校专业的时候，班长知道我从医了，语重心长地对我说，练胆啊，学做菜吧，杀个鸡什么的。学做菜就是个练习心狠手辣的利器。

油炸绿豆饼。细菌听我得瑟地表达我做得有多好多好之后，问我绿豆饼是不是现买的，我当即不淡定了，严词表示备料揉面包馅油炸这条流水线上，处处留下了我贤惠的身影。绿豆饼有长柱状的，有圆饼状的，最后，我摆了个"100"拍照留念。

葱蛋饼。这是我继糯米包后的又一耻辱。整个过程里，父亲隔上好几分钟就会从房间匆忙地跑过来关心我的动静，我知道他是在担心厨房。而这锅被我寄予厚望的东西最后的下场是，最底下一层跟锅子浑然一体，上面的部分，是噩梦般的烂泥状。身为掌大勺的，煮的货不管怎么样奇葩，都要试吃的。软乎滑溜的葱花稠浆在口腔舌尖被小心捻拭，我高度警惕着，生怕它滑过喉咙……我发现，初级厨师是高危人群。

最后，还是由父亲用剩下的食材收了尾，煎了一个很好看的葱蛋饼，当然，数落是少不了的。但是煮妇的斗志是不容浇熄的，尽管现在觉得葱蛋饼它丫的就是个孽障。

其实，煮饭是妙趣横生的，不只是你用那些鲜活的食材烹饪出菜肴所带来的心满意足，还有家人朋友跟你一起瞎折腾时蔓延生长的可爱趣味。

细菌邀功时说，"有没有感谢我拉你上了这条路啊？以后你有了孩子，我就会对你的娃说，你要好好感谢阿姨，要不然你就会忍饥挨饿啊！"

看吧，煮妇最光荣。

亲亲我的LuLu

27无责任解说

LuLu是只狗，一只古灵精怪、没事喜欢啃啃青草、有咬人前科的狗。脾气倔强，让人欲恨不能，欲爱还休。

昨天又遛了一次LuLu，稍带惊讶地发现再次与它比赛跑步的时候，我居然可以超过它了！记忆中那个跑得飞快还总是拖着我跑的LuLu哪去了？

是你陪我嘻嘻哈哈，游戏吵闹

我不知道快乐对于狗是怎样一种感觉，但我情愿相信，和你在一起的时候，我们都是快乐的。

我有个很恶很恶的坏趣味，就是"老虎身上拔毛"，我的意思是揪你的耳朵，然后看着它们像宰相刘罗锅的耳朵一样动来动去，并带着露出八颗牙齿的笑容，就觉得：啊，世界真是美好！奇怪的是，脾气泼辣的你居然一次又一次地容忍了我恶劣的行径，还配合我让你的耳朵转动。就算我得寸进尺，你最多也只是瞪我一眼，顺便伸出爪子挠挠。直到现在我偶尔还会想：是不是你始终认为那是一只苍蝇？所以你才会对苍蝇恨之入骨，每次见到它们一定杀之而后快。

作为一只狗，贪吃是常情，但像你这样贪得无厌的还真是少见。

我总爱利用你的这个弱点逗弄你，有好吃的的时候就用筷子让它忽上忽下的，你就会随着筷子一次又一次地站起来蹲回去，可惜啊，你的身高不够啊；或者我把骨头啊什么的放在凳子上，看着你用爪子勾着凳子爬上去，然后我乐不可支。当然我也会有失败的时候，比如你站了一次又一次还是够不到，就会很坏心眼地换策略，睁大无辜的棕色眼睛，可怜兮兮地望向我，或者发出呜呜咽咽的哀叫声让我内疚心疼。于是你赢了。当然，最后的最后你总能得到骨头。有时候真不知道是你在逗我玩儿呢还是我在逗你玩儿呢，不过这都无关紧要啦，咱俩都开心就好嘛。

我牵着你，你牵着我，我们一起奔去荒野

一度讨厌你，觉得你既不像狼狗、牧羊犬、黑贝一样矫健勇猛，也不像贵妇、泰迪、金毛一样娇柔温顺，没有高贵的身份，也没有什么杰出的技能。现在想想，当时的想法真是愚蠢幼稚，这种东西不都是人类强加给你们的吗？其实每条狗都是独一无二的。真正使我有这种想法的是你咬人被拴起来后我陪你去散步。那时，你拽着我东南西北地奔跑，我们在小树林里进行着不为人知的冒险，在明媚的阳光下穿过一条又一条田埂，在滂沱大雨中默然注视湖面泛起一个又一个的泡泡……

从来不曾有过这样的体验，宛如在《阿凡达》中的森林里一样与自然融为了一体，让自己在其他生命的包裹中同步呼吸与心跳。花开有声，阳光的缝隙中，一对小鸟在香樟树上躲躲藏藏，遮遮掩掩，它们快乐的心情我也能感受得到；布谷声在初春的田野中悠悠长长，生生不息地传唱了几个世纪；在开满红的紫的白的蓝的花的田埂上，我吹起一朵又一朵的蒲公英，把自己的愿望寄托在它们身上去远航；还有在咕咕嘟嘟冒泡的湖面上，一群鸭子成群结队地划开一阵又一阵的涟漪，晕开属于自己的波浪，优哉游哉。

你带着我听花开花落，看云卷云舒，在一片青翠黄绿夹杂的田野荒原上，心情是从来没有过的畅快，尽管空旷无人烟，却是不一样的淡

定从容。

你听我的碎碎念，从不烦恼抱怨

我总是有这样那样的烦恼，如果我也有个秘密花园就好了，可以把自己的烦恼秘密倾诉一下。很幸运，你会听我无聊的碎碎念，才让我没有被烦恼压垮，可能是我多愁善感了吧？你大概是听不懂我的话的，但有谁可以静静地听你倾诉真是一件很幸福的事呢！说出来就解脱了，尽管烦恼不会消失，但心里会觉得自此不再是一个人背负了。

你会舔舔我的手心，把我弄得痒痒的，或者摇摇尾巴，甩甩耳朵，让我高兴起来。你讨厌我从容镇静，你喜欢我活蹦乱跳的，然后带着你出去疯玩一阵儿。嗯，跑跑步真的是一个非常好的解压办法，身体就像一部甩脂机，将压力像赘肉一样统统扔进了某个次元世界。虽然你总是跑赢，输得惨兮兮的总是我。

LuLu，LuLu，我亲爱的LuLu，陪了我十年的LuLu，你还会继续陪伴我的吧，是不是？当然，我明白这是奢望，毕竟你会老去。那么，在你剩下的不多的岁月里，让我陪你慢慢变老吧。我亲爱的LuLu，你是我生活的一部分了，平常也并不十分地觉得，可到了现在，突然会有让你一直陪我、一直陪我的天真想法……

后记：有时候生命的结束真的是有预谋的。在发现LuLu的眼神有点儿类似以前那只垂死的斑点狗时，我心里毛了。真希望我看错了，真希望我不是乌鸦嘴。以前觉得这只狗总是麻烦的，可真正到了要生离死别的时候，却发现往昔的一切都是那么美好，千言万语无法表达。真希望这一切仅是我的胡乱猜疑，please，让我猜错吧！

时间溺水者

第二

1

开门的瞬间,我听到一声清脆的响声,随之而来的是左脸上火辣辣的疼。

没错,如你所想的,我挨打了。

"写,写,写,我跟你说了多少次了,你居然还写,你还有没有脸了?你以为你几岁啊,想怎么样就能怎么样?"妈妈一把扯过我的胳膊,我一个趔趄险些撞在炉子上。再抬头时,我的本子已经躺在了幽幽的炉火中。

"写啊,有本事你再拿出来写啊。你真以为你是神童啊,写几个字就能成作家?我告诉你常夏,下次如果再让我看见你写这些乱七八糟的东西,这学你就给我别上了!"门在我身后被重重地摔上,炉子里的火苗也跟着跳动了一下。

是啊,常夏,你以为你是谁啊?看着烧得只剩下一个灰色外皮的本子,我突然生出一种想伸手把它从火里救出来的冲动。当然,我没那么做。我唯一做的事儿,就是像个怕冷的孩子一样蜷缩在火炉旁,努力地睁大眼睛,想象着我写了近一年的文字一点点地变成光和热,然后慢慢冷却，最后化成一堆灰，风一吹，就什么都没有了。

这一次，我出奇地镇定，没吵没闹，甚至连一滴眼泪都没有落下。

呐，不会是眼泪还没有流出来就被烤干了吧？回房间时，我竟有些戏谑地想。

其实，我妈很少打我的，至少在我有限的记忆中，她打我的次数用个位数就可以数完。而她打我，说明她生气，她生气，至少说明她还在乎。我知道，其实她只想告诉我，"高三了，常夏，你没有时间去浪费了。在梦想与高考之间，你只能选择高考。"

因为你是学生，所以你必须选择高考；因为你是学生，所以你必须把握好每一秒；因为你是学生，所以你只能先放下所有与成绩无关的东西。如果说，宿命，是你生命中无法把握的那部分，那么这就是你的宿命，这段时间里你无法抵抗的宿命。

所以我不恨妈妈，真的不恨。

我也不恨自己，我坚信没有梦想的人只是行尸走肉。

我只恨时间。

2

曾经有一段时间我很怕睡觉，更怕会在梦中看见那些我努力忘记的东西。

青丫头是我最不想梦到的人。也许只是因为我每次梦到她，醒来时都会发现枕头湿了一大片。其实说这话时我自己都会觉得自己很没良心，毕竟，她陪我走过了那么多的时光。

我说过，我想当一名写手，我对我认识的每一个人都这样说。

不过几乎没人相信这会是真的，包括我自己。呐，你想，如果一个成绩永远踏在及格线上的人也能成为写手的话，这个世界里的写手早就通货膨胀了，哪里还轮得上我？

可她不这样认为，她说：你能行！

她每次拿着我那些被老师打了无数个叉叉的文字时都会带着笑，一字一句很认真地读下去，边读边拼命地挤出几滴眼泪告诉我："真的很好啊，我都感动了！""这里这里，你怎么想到的？""太棒了，等你拿到了稿费，咱们一定要喝啤酒庆祝一下！"……

于是我就飘飘然了，更加坚定地爬格子，笃定我会成为写手。

只是我没想到，我的写手梦还没实现，她就先我一步当了逃兵，半路撇下我就走了。

小县城，酒驾，车祸，这几乎每隔几天就会发生一次、连地方新闻都懒得再提一下的事儿……诶，青丫头，你说，在别人看来这么不起眼的小事怎么就让你碰上了呢？你要是知道再晚几天我就拿到稿费了，你会不会后悔走得那么急呢？要不然你是不是就可以看到我手里握着两罐啤酒站在超市里突然号啕大哭的傻样了呢？呐，你一定是后悔了。

我抱着两罐啤酒一个人躲在房间里，打开一罐一口一口地灌下去，每喝一口就说一句："青丫头，我敬你！"直至喝累了，哭傻了，就握着罐子趴在桌子上睡着了……

然后，我看见你了，黑色的幕景下，你依然带着浅浅的笑。

我说，诶，丫头，你也太不够意思了，怎么撇下我就跑了呢？

我说，诶，丫头，你也太没礼貌了，我敬了你那么多次你都不理我。

我说，诶，丫头，我想你了。

你笑。

"小夏，过去我可以陪你，但是剩下的路你要一个人好好走哦，一个人，好好走。"

青丫头，你看，我好好的人生突然就分成两半了。前面的，叫过去；剩下的，叫未来；而中间的分水岭，就是你卡进去的。你真是太狡猾了。

3

　　我一直相信这个世界上有很多人远没有外表上看起来那么安静，至少，我就是一个。

　　有那么个瞬间，什么都不想做，什么都不想说，于是就推掉手头所有的功课，一个人占据公交车的最后一排，呆呆地坐到终点站。

　　哦，忘了说了，那个终点站，是一条河。

　　哈哈，安拉，我暂时还没有跳河自杀的想法。再说，对于这种水不过小腿的"河"来说，撞死比淹死的概率大！若真的想寻死，我自己买块冻豆腐就解决了，何苦跑这么老远，还搭上一元钱车费？

　　我来，只是为了找点儿东西，找点儿，我自己也不知道的东西。

　　水穿过指间的时候总会给人一种莫名的伤感。于是我就很矫情地想，自己触碰到的或许不是水，而是那些挡不住、留不下的流年，河底那些没有棱角的鹅卵石，就是那些被时间冲淡的彷徨。弯弯的，是伙伴；圆圆的，是希望。

　　也许人就是这样，到手的东西总是用来浪费。只有被时间吞噬了，掩盖了，才会站在原地，枉自成伤。

　　这样有用吗？反正我是不知道。

　　我想，也许只有溺过水的人，才会明白什么叫窒息；也只有接近窒息的人，才会更加懂得珍惜。

　　也许，这，就是结局。

白衣美少年只是个传说

左 夏

我有充足的理由指控校园小说和所谓的偶像剧都是坑妹的。

以我一个纯爱文字、相信爱情、笃信亲情友谊的感性文科生的立场来看，一直以来我都深深迷信着高中是浪漫爱情的摇篮，这个不管一流二流三流小说都普遍公认的真理。从小四笔下的顾小北与林岚鲜血淋淋的爱情开端，再到地摊货上缺乏创意纯属扯淡的火星撞地球版的模式化爱情……无数换汤不换药的校园浪漫小说荼毒着我不解风情的懵懂心灵……

打从我读小学时候起，我就坚定了自己要当山寨版杉菜的决心，在那不明沧桑的豆蔻年华里，我坚信高中会有F4类型的美少年组合在校园里晃荡。有些人长得美是为了养眼，而有些人长得帅则是为了和杉菜类的女生谈一场恋爱，如此这般轰轰烈烈，海枯石烂。至少在我那情窦初开的小学时期，我还是不明就里稀里糊涂地那般虔诚信仰着，无限憧憬着……

几乎每个女生的青春文字里都有一个白衣飘飘、眉眼干净、与众不同的美少年打马而过，几乎每部青春小说里都有一个脾气恶劣、一笑倾城的洁癖狂白马王子，至于其他美男甲乙丙丁除了有一个为骑士外，余下全为配角，可省略。几乎每一部偶像剧里都有开头男女猪脚水火不容的狗血情节，最坑爹的莫过于某某班来了一个长相帅气，不仅音体美十项全能而且成绩NO.1的转学生，进而轰动全校……

但我用我的青春年华证明了，以上情节大多纯属扯淡，不仅欺骗群众感情而且涉嫌精神欺诈。

摆在我面前的赤裸裸的现实是：放眼望去，一片杂草，蔚为壮观的景象。所谓的白衣美少年就只是年少的传说罢了，上了高中则更是如此：不修边幅的大有人在，他们每天趿拉着人字拖在校园里晃来晃去；长相大众的一抓一打，过目即忘；举止绅士的基本灭绝，小卖部前人山人海，汗味熏天把我逼了出来；谈恋爱的一对一对，怎么看怎么不像小说情节，安然如昔，平淡如水。

本来对恋爱充满无限憧憬的我，被冰冷的现实一棒子打回十八层地狱。我怀疑我上辈子是天蓬元帅，所以这辈子才长了一个猪的脑袋，期待那些过于泛滥的烂俗情节，虔诚相信生活中会有温润如玉的白衣美少年。

现在身处文科班，六十一个女生，七个男生（美其名曰"七朵金花"，我们都是绿叶）。阴盛阳衰的态势让我不禁感慨我那摊如死水的爱情生涯，好歹也起点风吹点浪啊倒是……敢情咱来地球混了这么十七八载，空落落的没有一丝感情纠葛也怪惨淡的……

翼儿说，真正的爱情需要等待，不经意间，也许它便已悄然发生。

其实我写下这些文字并不是为了讽刺青春文学，毕竟我自己也一直在写，只不过我更喜欢真实的情感和故事。像《山楂树之恋》一样的纯真爱情，我一直都虔诚信仰着。我总相信在这个物质膨胀的时代依然会有我所深深迷恋的美丽爱情。每一个女孩儿的青春里都有一个璀璨的少年，但他不一定白衣轻扬，他也不一定肤色白净，笑若灿星，更不一定球技超群，动作潇洒利落……即使他很平凡，他依然会是女孩儿心中唯一的无可替代。

不要迷信白衣美少年，真正唯美的爱情，根植于生活中最朴实无华的角落，像山楂树一样，扎根于卑微的土壤，却能开出淡雅高洁的永恒之花，在心灵深处散发不俗的清香。

十五岁那年的旅行

上了高中以后,我没看小说,做了一年书呆子。我明白的,生活是需要进进退退的。

我更明白,我不是为了自己而生活。绝对不是。

曾有人问我,你是不是一个坚持的人?

我笑着告诉她,我曾经放弃过,因为放弃是为了更好地往前走。

感谢十五岁那年的旅行……

阳光灿烂的夏天

李慕白

转弯,走廊尽头微凉的风扑面而来,带着夏天的讯息,阳光灿烂。七月热烈绽放的夏花,寻找到了它们的季节,在操场上一丛一丛地开放,远远望去像是一排要燃烧起来的火,一场独自绽放的盛大烟火。拿着作业本疾步行走在走廊上的夏小洵,小心翼翼地将目光投向了操场,不由自主放慢了脚步。

那是隔壁班的丁浩,现在他正在操场上奔跑,转身,然后一个潇洒的投篮。夏小洵几乎就要深深陷入那帅气男生的身影中了,但是她却又不敢望太多眼,又急忙收回了注视的目光。假装自然地路过操场——其实心里在嘭嘭地擂着鼓,拼命想说服自己,然而脚下却生根一般,几乎就要受不住蛊惑再度望向那个耀眼的男生。夏小洵对这样的自己感到厌恶。

"程汉,程汉!哦,程汉,程汉!"身旁突然传来一声声起哄,然后突然一个身影被推了出来,猛地撞在夏小洵身上。夏小洵吓了一跳,她抱着的作业本顿时哗啦啦地掉了一地。那人急忙道歉,狠狠地朝那个推他的人瞪了一眼,又蹲下来帮夏小洵拣本子。夏小洵慌乱中抬了抬头望了一眼肇事者,正是他们口中起哄的程汉,在他后面,他的死党在贼兮兮地笑。

有个人帮忙拣倒是拣得很快。夏小洵又稍稍整理了一下作业本,朝着程汉笑了笑："谢谢。"四周又是一片纷飞乱舞的怪叫声和口哨声，夏小淘清楚地看见程汉露出的耳垂已经完全红透了。她假装没有看见，抱着作业继续走去办公室，心里知道是恶作剧罢了。

不料那却只是厄运的开端。从那以后，只要夏小淘从程汉的班级前经过，便会发现无数双亮晶晶的眼睛正透过门窗肆无忌惮地打量她；若是课间，教室内则会爆出一阵声浪："程汉，程汉！哦，程汉！"而更离谱的一次是在一个课间里，夏小淘被莫名其妙地叫了出去，那个曾经推程汉扑到夏小淘身上的男生递来一本纪念册。夏小淘想来想去，印象中的程汉都只是限定于那个红着脸帮她拣书的男生罢了，况且又不是一个班，甚至不是多熟，也没有到毕业，怎么会要填这个纪念册呢？但是女生的心肠向来很软，也不是什么大不了的事情，便翻翻前面借鉴借鉴，不料翻来翻去，整本本子都是空白的。

夏小淘感觉到蹊跷了，她向那男生提出拿回去慢慢写的建议，那男生眼神古怪地瞥了她一眼，嬉笑着说没事没事，就是希望到时候你本人自己去一趟了。她拿着那本包装极为精美的册子，翻到封页，那朵硕大的玫瑰还是让她狠狠地打了个寒噤。夏小淘的同桌定定望着夏小淘，直到她把这些蹊跷的事情都原原本本诉说了一遍，才以半开玩笑的口吻说道："小夏，那男生说不定暗恋你哦。"

夏小淘的嘴慢慢张大，直到可以吞下一枚鸡蛋那么大。

夏小淘剪着干脆利落的短发，但好歹眼睛也算大，配上圆圆的鹅脸蛋，似乎也能和可爱扯得上关系。虽然平时有些马大哈，但其实内心敏感得要命，在那些屡屡发生的恶作剧里虽然可以嗅到一丝诡异的气味，但仍然缺乏一种可信度。

今天同桌的话却十分直白地戳中了少女的心事。夏小淘的脸一点一点地红了，内心飘荡着一丝激动的声音："有男生喜欢你，有一个名叫程汉的男生喜欢你！"

一瞬间，夏小淘的星空仿佛绽开了最为绚丽的烟花。她开始经常走神，一颗颗幻想的流星划破了星空的宁静，扰乱了她原本平静的心绪。有一点点的难堪，有一点点的害羞，还有一点点的不知所措，最后都融化在了一点点秘不可宣的欣喜中去了。

把目光从课本上挪开，有微风吹进教室，牵动了一下窗帘，露出外面被雨水冲刷得明净的天空。窗外充满了生机的绿伴随着草木的芬芳，夏小洵的手悄悄伸进抽屉里抚摸那本纪念册，心猛地颤动了一下，仿佛空气中都震颤着清冽的水汽因子。

她暗中摸索着，把手覆盖在那朵红玫瑰上，就像是覆盖在那颗火热的心上，感受着它微不可察的细微跳动。自习课上十分安静，没有人会发现一个女生在这么一个夏天的午后，悄悄在自己的世界里幻想着。

有人喜欢我啊……

竟然有人喜欢我啊……

那么我所喜欢的人呢？

夏小洵突然打了一个激灵，只要触碰到丁浩，便什么梦都醒了。她矛盾地收回了覆在玫瑰上的手，脑海里突然跳出了一个舞着叉子，长着尖角和尾巴狞笑着的小人："哈哈哈，夏小洵，不要再进行不切实际的幻想了。你是那么的平凡，又有哪一点吸引人呢？尤其是也不看看你幻想的对象，啧啧，程汉，肤色又不够健康，还戴眼镜，一看就是书呆子……"

夏小洵低着头，沉默着不着一词。她是在暗自窃喜的吧？夏小洵真的很讨厌这样的自己。她的幻想在小恶魔的狞笑中被狠狠地抨击，破碎，化作了烟尘。

她掏出了纪念册，沉思半晌，写下了自己的留言。

她决定，今天，就在今天，她一定要把本子还给他。

"喜欢他，会想要记住与他有关的一切，尽管都是出自他的不经意而为之，也许下一刻就会忘记。"

"喜欢他，会知道这份喜欢并不只是两个轻飘飘没有重量的字。那份夹杂着羞涩和惶恐不安的喜欢分明知道是沉重而无望的，却还是遏制不住心底不住涌出的思念和喜欢。"

"喜欢他，会真正明白它的苦涩。太过于年轻的我们只是迷茫着，却自以为足够了解。其实以我们现在还没有长成的肩膀，真的可以撑起那个无望的未来吗？"

"对不起，我无力面对你的喜欢。我希望，当你真正可以支撑起未来的时候，回顾那个阳光灿烂的夏天，你的青涩……"

"……我会真心祝福你，祝你幸福。"

"夏小洵，上。"

夏小洵匆匆把本子塞在程汉手里，却不敢去看他的表情。她是怀着感激的心情去面对一个男生青涩的暗恋的，所以一直小心翼翼地把这份感情珍藏在内心深处，当作珍宝。不管相隔多久，彼此间的距离又有多远，那份青涩的回忆，都会让回忆之人再次激起相同的心情，在夏小洵的回忆中，荡起绵延而悠长的涟漪。

她走在走廊上，遇见了丁浩。夏小洵看着身材颀长的他逐渐靠近自己，然后，擦肩而过。

夏小洵突然很难过，难过得要哭了。她不知道哪里来的勇气，朝着他的背影喊了一声：

"丁浩！"

丁浩！丁浩！丁浩！曾经在日记里不断书写的名字，在梦中不住想念的名字，在每时每刻悄悄默背的名字……

那人转过身来，"你认识我？"

夏小洵终于看到了他的脸，却是微怔——那张脸，熟悉而又陌生。

终究，自己所迷恋上的，不过是自己在心中虚构出的幻影吧？

夏小洵淡然地笑笑，"没事。不过是认错人了。"

那年夏天，阳光灿烂。夏小洵抬起头，夕阳橘红色温暖明亮的光投在走廊上，眼前倏地涌进甬道尽头一片璀璨的光。

同时也请祝福夏小洵吧，她的季节，才刚刚开始。

我不是你的那首情歌

夏白洛

1 蔷薇少年

　　第一次看到他，他是对面楼下的少年，父母常年在外，他总是一个人躲在狭小的窗子后。

　　角落的蔷薇，爬满了整个生着铁锈的窗台。

　　一整个夏天，小暖都待在阳台上，隐隐约约看着他在窗前读书的模样。

　　起风的时候，晒在窗前的白衬衫随着摇晃，小暖似乎嗅到了蔷薇的味道。

　　甜甜的，像是刚刚融化的冰淇淋。

　　小暖捡起阳台上的石子，一个一个，朝着窗子扔过去，发出咚咚的声音。

　　看着他走近，视线投向她，小暖吓得赶紧躲进床单里。

　　小暖想，还好阳台上晒着被单，不然，就一定会被他看到，他，应该是没看见的吧。

　　从那个时候起，小暖就疯狂地喜欢上了白色。

　　所有的衣服，清一色，纯白的。

2 播音系少年

第二次见到他,是在学校的广播室,在知道他是学校广播社的之后,便又迷上了文字。

铺天盖地署名为暖的散文和故事在广播中被诵读。

小暖一直想鼓起勇气,站在他面前,大方地说,你好,你朗诵的文字都是我写的。

却又害怕自己的普通话不够标准,于是,写稿子之外所有的时间,都用来练习。

终于,小暖觉得自己可以了,便在午后逃掉最后一节课,早早地,在广播室门外等着。

看着他从里面出来,正准备上前。

熟悉的声音,却响了起来。

"唉,学长,你以后怎么就不来了呢?"

"是啊,快毕业了。"

看着他和同学打过招呼,推着自行车离开。

太阳很大,阳光很刺眼,小暖却舍不得把眼闭上,一直,看着他,走向远方。

3 背包少年

第三次看到他,是在食堂的电视里。

看着他在镜头前,丝毫不紧张,兴奋地说着自己的理想——和喜欢的人一起,环游整个世界。

那是档采访大学生徒步穿越沙漠的节目。

他比以前高了许多,瘦了一些,黑了一些,黑色的登山包,白色的T恤，却更加好看了。

那天，直到食堂关门，小暖才离开。

她想，自己一定要跟得上他的脚步才行啊，把手中的专科报考指南揉成一团，摊开面前厚厚的高考模拟题。

小暖想，夏天就快要来了，已经隐隐约约闻到了栀子花的味道。

几个月来，她没有一晚，睡觉超过五个小时。

填报志愿的时候，小暖倔强地拒绝父母留在本地的要求，独自一人去了他所在的城市。

当小暖穿着棉布裙子，走在他的大学校园，和他呼吸同样的空气时，才发现，这个夏天，连尾巴也过去了。

4 路灯少年

第四次看到他，是在一家酒吧的门口，他喝得醉醺醺，趴在垃圾桶边不停地吐。

吐够了，就开始哭。

那模样，就像是遭人遗弃的宠物。

没忍住，递给他一张纸巾，却没想到，手被兀地抓住。

"别走，别离开我。"

看他这副样子，明明心很痛，却还是露出微笑，"我在，我一直都在。"

他仰起头，眼泪还挂在脸上，"你真好。"

那晚，她陪他在路灯下蹲了一晚。

第一次，她离他那么近。

直到天亮，他的女朋友，来把他接走。

5 再见少年

后来，小暖就再也没见过他。

只是听寝室的朋友说，在新开的商场剪彩典礼上看到他的身影。

听到他的名字时，小暖想，他西装革履的样子，一定很帅吧。

而此时的小暖，正忙着写毕业论文。

关于他的消息，只是靠听说，而已。

毕业，如期而至，小暖顺着父母的意思，回到了属于自己的城市。

她一直觉得，那座城市是他的，无论是谁，都是旅客。

当2014年，腾讯在QQ上推出好友匿名消息时，她找到他一直灰着的头像，想了很久，还是只打了"再见"两个字。

她知道，像他那样的人，怎么会把时间浪费在这种聊天工具上呢？

于是，便也释然了。

他在她心中，一直都是少年的模样。

然而，却从不是她的少年。

一切就都这样吧，就像是做了一个很长很长的梦，听了一首很好听很好听的歌。

梦醒了，歌停了。

也该继续，过她自己的生活了。

无人知晓栀子心

陈勋杰

一号教学楼旁的栀子花默默盛开了。正值四月之初，阳光软如棉絮。正午时分，那些花骨朵儿终于经不住诱惑，纷纷绽出粉白色的蕊来。我趴在课桌上从午觉中醒来，便看见同桌林璃的手中正转着一朵湿漉漉的栀子，旁边还摆了半瓶水，里面插了两三朵正开得欣喜的栀子花，随意而可爱。

我觉得那几枚栀子花挺衬林璃的，素净的长发与白皙的皮肤，手臂上露出隐约可见的青色静脉，如同静静蜿蜒的河流。只不过我揣测那几朵花过不了多久就会死，因为上化学课的时候林璃一直摆弄着它们，仿佛想从里面翻出一只蝴蝶来。林璃说她学文科，于是就在班主任的化学课上瞎混，班主任对她很看不惯，几次点名叫她起来回答问题，而林璃只是抿着嘴微微笑地说，我不知道。

班主任被她这个欠扁的表情气得够呛，却又不好对女孩子惩罚。终于逮到机会，学生大会上，林璃与其他几个同学没穿校服，严重影响了重点班的美好形象。班主任一个个审问过去，最后轮到了林璃，她那天穿着格外挑眼的粉色外套，支支吾吾想说什么却欲言又止。老班恰要满意地宣布：没穿校服的，轮着扫一个月的教室。

林璃冒出声，说，我套了校服，就穿在里面。于是她红着脸，在众目睽睽之下脱下了那件外衣。

大家都惊呆了。林璃里面那件白色的校服，被马克笔描上了一大簇一大簇的栀子花。朵朵新鲜饱满，沾着晶莹的露珠，重重压在枝头，仿佛要从林璃的背上伸出枝来。

老班的脸被抹上一层灰绿，嘴巴里说着一些女生应该自尊自爱的话。但是已无人理会，男生们被林璃惊艳，女生们捂着嘴暗暗赞叹。林璃呆站在上面，仿佛融进了一片栀子花丛中。

结果林璃一个人被罚扫了一个月的地。但我还是兴致勃勃地去请求林璃也帮我画一幅，我把洁白的校服递给她，神圣地冲她眨了眨眼。

几天后，我收到林璃帮我手绘的校服。校服的背上站着一个大汗淋漓的樱木花道，眉目间潇洒地盯着校服外面的世界，其实对于樱木花道，我更喜欢流川枫，相对于流川枫，我更喜欢柯南。但从画工来讲，的确一流。我穿着这件校服在周一升旗日的时候故意大步流星地走在女生们的前面，引得她们发出阵阵唏嘘。林璃拍我的脑门儿，说我傻，那些女生唏嘘的是帅气冲天的樱木花道啊，跟你一点干系都没有。

作为炫耀的代价，我每周都抽出几天帮着林璃扫地。两个人在狭窄的座位过道间清理着垃圾，分明可以看见悬浮在半空中的灰尘。林璃担心自己的衣服沾上尘土，于是将压在桌下那件开满栀子的校服披在身上。四月的云霞被天空煮沸，空气中不安分地有灼热感，我停顿下来，隔着几排座位看见林璃低下头的样子安静如水。

林璃问我，段勋，你说我学文科还是学理科。

我说，怎么，你不是一直准备学文科的吗。

林璃抬起头来看着我，睫毛眯成一条缝儿。是啊，但是后来发现理科也不错。特别是你坐在我旁边写题目的时候，我就觉得很有动力。

我张了张嘴，声线被窗外篮球的碰撞声掩盖。

后来老师发了两张回执单，一张粉色的，是学理科的同学要填写的，另一张淡黄色的，是学文科的同学要写的。班上调皮的男生把淡黄色的回执单折成纸飞机使劲儿扔掉，我静静偏过头，看见林璃拿了一粉一黄两张回执单，认真而又小心地叠放进了自己的包里。目光交汇刹那，我对林璃说，其实理科班有十几个，而且分重点班和普通班，两个人分在同一个班而且是同桌的概率是很小的。

林璃的脸上露出栀子花般洁白却又无力的微笑。我想，我是不是显得有些太小气了。彼时班上已经有关于我和林璃的流言，有人说，班上那么多人请林璃帮忙在校服上手绘，为什么林璃就只偏偏画了段勋的，还有人说，林璃最近在杂志上发的文章，里面的男主角像极了我。

我没有站出来辟谣，林璃也没有。课桌上的栀子花泡在水里没有死，反而冒出了白点点的花蕾。在五月来临之前，我依然帮林璃扫地，那天晚自习林璃有事迟到一会儿，我帮她去倒垃圾。上课铃打响之后，我拿着空空的桶子上楼，飞蛾绕在白炽灯边忽忽乱撞，米色的教学楼湮没在灰幕里。走进教室的时候，我看见老班站在讲台上指着我与林璃的座位问，他们俩去哪了。

我欲走进去，却紧接着听见有一个男生胆大地解释道，他们俩一对的，连倒垃圾都要一起！话毕，教室内传来震痛耳膜的哄笑。我站在另一半黑暗中，却感觉血液正在往脑袋上冲。我从后门冲进去，把手上的垃圾桶一扔，一下子把那个男生的课桌掀倒在地。我一把抓住那小子的衣领，叫嚣道，你再给我说一遍！班上瞬间像是炸开了锅，在拉拉扯扯之中，我感觉侧脸结实地挨了两拳。我被劝架的男生拼命摁住，一个趔趄，重重地摔倒在地上。抬起脑袋的时候，正撞上姗姗来迟的林璃，她穿着棉质的黑裙子，一脸惊恐，手上还捏着一张粉红色的回执单。只是瞬间，视野便注满了血色，她的影子如同一片栀子般被红色吞没。

我的脑袋缝了三针，像条臭咸鱼一般歪在病床上。来看我的班长张凯说，文弱书生一个，好端端打什么架。我拉下一张臭脸把头偏过去，看见窗外的暖阳格外和煦，柔软得如同糖浆。张凯问我，你是真的喜欢林璃吗。我觉得荒唐至极，于是挑起眉毛反问他说，你说呢。张凯一脸羞赧没再说话，末了跟我道别，含义不明地说，那就好，我先走了。

是我先去找林璃的。空气微微凉，我穿着T恤在钟楼下面发抖。

林璃的刘海被清晨的细雨打湿，想看我头上的伤却又把脖子缩了回来。

段勋，你那聪明的脑袋被打傻了我可赔不起。林璃说话时嘴里像含了一块冰。

我当然没被打傻，我只是想看看你发表的那篇文章，可以吗。

不可以，总之与你无关。林璃斩钉截铁地说。与之前在化学课上露出的微笑反差极大。

我佯装天真的表情，说，那就好那就好。转身欲走，却看见林璃已经快步地走开了。

老班在接下来的一次月考进行了座位大调动。我单人一个座位，再也没有了同桌。在大家的笑语和隆隆的搬课桌声中，林璃默默端着桌子改换到了另一组，远远看见她桌上的那几朵栀子不知什么时候被人撤下去了，换成了一张洁净朴素的座右铭。

分班结果揭晓那天，班长张凯特别激动。他将班上同学的姓名记在纸上，背后标注所在的班级。他一把将我揽过来，说，段勋，咱还在一个班呢。我说，是吗。于是把头探过去，目光却在寻找林璃的名字。

林璃的名字蜷缩在那个角落，背后标的是文科重点班。我的心跳瞬间漏了一拍，她那个时候手里拿的难道不是理科的回执单吗。我迟疑片刻，看见不远处林璃被几个女生团团围住，一起站在钟楼下面合影，头顶的天空如同剥碎的洋葱皮般富有层次感。

少年的河流静静流淌。转眼便到了次年栀子花开的日子。我抬手触摸自己的额头，发现去年留下的那道疤不知道什么时候已经悄然褪去了，纵然年少春衫薄，时光的力量无可抗拒。但我依然记得去年这个时候的林璃，像迷失在晨风的一头小鹿，手中旋转着一朵正午开放的栀子花，坐在我的身边望着自己写的小说傻笑。

张凯和我一个班，问我和林璃有没有联系。我说，很久没见了。

张凯说，是吗，没关系，你还是得帮我一个忙。于是张凯叫我帮他送给林璃一封信。我硬着头皮没办法，下楼到文科班去找林璃。路过教学楼小道旁的时候，顺便折了一朵水淋淋的栀子花。

林璃的头发静静地被束起来耷拉在脑后，露出脖颈儿一片干净的皮肤。见到我略有迟疑，我把信递给她，连忙摆手说，这不是我的哦，是张凯的，你记得吧，是我们以前的班长。

林璃说，这朵栀子花挺好看的。寒暄几句之后，我落荒而逃。

之后有一个小插曲。

林璃一直没有给张凯回信，我告诉张凯说林璃是慢热型的女生，要主动些才行。于是张凯在周六的晚自习向林璃表白，原本只是想叫林璃到走廊上来单独告诉她，却不想林璃根本连出都不出来。张凯没有面子，壮着胆子冲到林璃的班级对着讲台下的林璃大声喊，林璃！我喜欢你！

林璃的班主任在隔壁被这声喊叫引来，胆小的张凯灰溜溜地往外面跑。在二楼和三楼漆黑的走廊里从楼梯滚了下来，还好是在最后几级台阶上发生意外的，只是小腿骨折。那天晚上最后一节晚自习，林璃趴在桌子上一直哭。

我暗地里唏嘘，背脊一片冰凉。原班级的人提议一起去看看张凯。我没有去，在走廊上遇见同样没有去的林璃。林璃说，段勋，你为什么要这样做。

我说，张凯喜欢你两年啦，你自己却从未发现。

林璃突然认真地说，你难道没有发现过什么吗？

我沉默半晌，不懂她在暗示什么。林璃却径直走进教室里，拿出一本笔记本塞进我怀里，末了郑重地说，还给你。

还给我？这本笔记本不是我的啊。笔记本的封皮那么结实，被漆皮厚厚包裹着，像是藏着什么巨大的机密。我惴惴不安地回家打开，发现那本笔记本竟然是林璃的日记。留着遥远的少女气息。

我不敢多看，指尖捏着书页一张张翻过去，却无意中看见几乎每一页都有我的名字。每一页仿佛都留着指尖的温度。

末尾是当初林璃刊登的那篇文章的原稿，名字叫《无人知晓栀子心》。

"栀子花的花语是等待的爱情，我却用它来表达心意。曾经有一个少女花了整整一夜将栀子花朵朵绘在校服上，只希望他能够发现我的光点。曾经有一个少女在凌晨默默写着笔记，只希望有一天能和他站在同一个高度上对望，即使不能靠近，只要能看见他根根分明的睫毛和闪动的微笑。栀子花的心事无人知晓，因为在它洁白的花瓣之下，隐藏着一颗粉色的蕊。待寂寞的雨季悄悄过去，它将不再努力仰望，而是奋力飞翔。因为栀子花告别了浅薄和放肆才得以盛开，年少的人们亦是如此。"

我本该对这样矫情的文字发出一声响亮的笑。但那天我却停留在那一页，睫毛变得潮湿，嘴唇变得干涩。想象着当初林璃是怎样在校服上绘出她最不擅长的卡通人物，又是怎样努力地向老师解释自己和我的关系，然后主动将自己选的理科改为文科，默默将这份婉转的感情藏匿在心底。

我关上日记，却不敢再去与林璃见面。但不知道林璃是否跟我一样，比如——在每次成绩张榜的时候都去找对方的名字，默默记下对方的排名，然后与上次的比较，或者路过对方教室窗子的时候直视着前方，尽管自己是如此地想往里面偷偷看一眼。

但很快就到了高考那一天，6月7日，阳光让人心生倦意。考数学那场的下午，校门一开考生便急急地涌了进去，我在人潮当中看见了林璃，站在滚烫的阳光之下，水泥路上最明亮的一处。我若有震动，不顾一切地叫了出来，林璃！加油考啊，别忘记了上次我送你的栀子花！

林璃转过身来一眼便看见我，抿着嘴唇使劲儿笑着，仿佛下一秒就要流出泪来。

这算是我的告白吗，不算吧，也算是吧。只是在这一刻，在温润得如同一片翠玉般的广袤天空下，栀子花的心事终于被彼此知晓。

你是我水样青春中的那丝涟漪

等涛似水流年

未遇见你的那段初中时光，我的生活平静如一汪死水，单调乏味。每天在与好友笑闹、上课、回家中度过，一天又一天。

升入高中了，我和你分在同一个班。彼时的我有些怕生，虽然坐在教室快一个星期了，却连前后桌同学的姓名都不知道。教室后面左边的角落里，每当下课时，便会传来阵阵谈笑声，而我只要稍稍将头偏向左边，便能看到你和周围好几桌的同学高谈阔论，那模样，甚是意气风发，仿佛连那阴暗的角落都被你身上散发出来的光芒照亮了一样。我的嘴角会若有若无地扬起浅浅的弧度，而在你望向我的那一刹那，又连忙转过头来，继续啃着天书般的数理化。

我悄悄地关注着你，却连你的名字都不曾问过。

第一次月考，无声无息地就这么到来了。扫视一眼周围的同学，真不愧是重点班，大家都在奋笔疾书，为第一次考试给老师留下一个好印象而准备着。我偷偷望向你，心中有点儿担心，班里就属你那片地儿最活跃了，这次月考，你怎么办？

但事实证明，我的担心纯属多余，而且，你的成绩还让我无比崇拜。

你考了全班第一。全校有一千四百多名学子，你总分排名第六。老师宣布这个消息的时候，显然极为兴奋。

排名表上，你的名字高居榜首，居然比第二名足足多出十多分。我伸出食指，顺着一个个陌生的名字仔细向下寻找，终于在一大串名字中找到了自己的。

三十五名，全班七十个人。绝对的中等生。

我的心底滑过小小的失落。

不过，我也得以有借口向你借考卷了。一张小小的纸条，在我重写了两三遍之后，被叠得方方正正的，经由别的同学向你传递过去。

接到陌生同学的纸条，我看见你明显愣了一下，确定是给自己的之后才打开。看完后，就直接将试卷从桌上一叠书中抽出。那份熟稔，像是司空见惯了般。

卷子上挺拔的钢笔字，鲜艳漂亮的分数，一如你的自信高调。

没有立刻去修改错题，我只是捧着你的卷子，微微出神。

你是走读生，和我一样，每天骑着电动车来来去去。有次我猛然发现你车前的图案是只熊猫。这让我高兴了好一会儿，因为我车子前的图案是根淡雅的翠竹。我就是这样，会为与你有共同的兴趣爱好而雀跃。因为你，我开始喜欢听汪苏泷的歌，就像你的声音，温暖而富有磁性。

我开始接近你，用我的方式。

学校车库面积不算大，但车子不少。所以，经常会发生一些"事故"。

一天早上，我来得蛮晚的。看向你经常停车的地方，你还没来。我小心地绕过几辆车子，准备把自己的停在中间。但就在这个时候，"砰砰砰"几声令我心惊肉跳的声音响起，不用回头看也知道，我还是撞倒了别人的车。而且听这声音，背后的情景一定惨不忍睹。

"还愣着干什么，赶紧过来扶啊。"你不知道什么时候已经到了，并帮我扶起那些倒下的车。

"哦。"我小声应了一句，也开始动手。

最后一辆了。我开心地伸过手去，却被你抢先一步扶了起来。我怯怯地缩回手，看着你酷酷地转身离开，然后快步跑到你边，用连自己都听不清的声音说了句："谢谢。"

这之后，我又和你没有交集了。而我也认为，自己是你生命中的路人甲。

可令我欣喜的是，老师按照这次月考的名次来排座位。我依然坐在第三排，而你被编到了第二排，我左边的斜对角上。

看到你搬着桌椅，斜挎着书包向我这方向走来，我的心一下子乱了，出于害怕你看到我脸上可疑的红晕及傻笑，我选择低下头，趴在桌上写了一个晚自修的数学题。而且自始至终，都没有勇气抬头看你一眼。

第二天上课，由于我坐第一组，所以理所当然地每次看向黑板时都得经过你的侧脸。有次好友被我拉着去看你的样子，但她们说一点儿都不帅。是，你不帅，一点儿也不帅，常年戴着眼镜的你，脸形虽然蛮好看的，但因为你经常吃辣食而彻底被满脸的青春痘毁了。个子也不算高，中等偏上而已。你很瘦，但背影还蛮好看的。好友试探性地把手搭在我额头上，确认无误后好奇地问："你到底喜欢他哪一点？"

我怔住了。是啊，你不帅，学习虽好，但比你好的人也有不少啊，而且还很高调很臭屁。那我到底喜欢你什么？

我喜欢你温暖的笑，飞扬的眉，尴尬时的脸红，极富磁性的声音，讲解题目时的专心……

喜欢你的一切一切。

但我从来都不是个会主动搭讪的女生，我只会把这份感情深深地藏起来，藏到一个永远没有阳光的角落里。我只会默默地喜欢着你。因为我知道，你不能分心，你的目标是高考考上全国"985"工程高校。所以，我也只能和其他女生一样，问问你课题，在你需要的时候帮助你。我好怕，好怕如果我向你表白，你拒绝了我。那样，我们连普通同学都做不成了。

我选择默默地喜欢你，守候你。

高一最重要的事——文理分科，无情地到来了。很多人刚知道和自己周围的人熟悉了一些，却又不得不带着自己的痕迹离开，去一个全新的班级面对陌生的面孔。

我拼命咬着下唇不让自己哭出来。我所读的学校理科是强项，录取率较高，但面对成绩单上黯淡无光的物理、化学及生物分数，我咬咬牙，还是无奈地选择了文科。而理科那么出色的你，自然是不会选择文科的。

可能，以后我们见面的机会都少得可怜，也可能，你会……忘记我，我的模样，甚至于我的名字，逐渐被似水的流年冲刷得一干二净，两个人形同陌路。

一张带着淡淡清香的纸巾递到我面前，是你。你微微一笑："嘴唇都流血了，擦擦吧。舍不得这个班上的好朋友吗？别难过，以后还是可以联系见面的。"

我傻傻地接过，继而重重地点头，并向你露出一个大大的笑容。无论何时，我都只想让你看到我好的一面。我在心底拼命呐喊："我最舍不得的人是你，是你啊！"

可是，也许，你永远也没有机会听到了。

或许以后，再也没有机会这么近距离地看你了吧。我最后一次望向黑板，其实是你的侧脸。

我痴痴地想着，看着，似乎周围的人和声音都消失了，多想时间凝固，只剩我静静地望着你，恍若隔世。

现在的我，坐在文科班的教室中，一切安好，只是很想很想你。

可能你永远也不知道，文科班有个女孩儿，一直一直很喜欢你，却不敢亲口向你诉说。

周海涛，你是我水样青春中的那丝涟漪。

永远的forever……

猪要唱给芒果听

浅 夏

猪与芒果的初次相遇是这样的：那是开学第一天，还没有成为猪的我抱着几本课本与还不是芒果的你在教学楼的某个转角相撞，手中的课本散落在地上。面对这突发状况，我低着头红着脸向你道歉，你却帮我把书拾起，递给我，说："小心点儿。"语气温柔如春水，可待我抬起头时，只看见了你好看的背影。

记忆中，这是最美丽的一次相遇，让我想起了大S主演的一部电视剧《转角遇到爱》。那么，于某日，于某个转角，遇见的你，会是爱吗？我傻笑着，小心翼翼地收藏起你的背影。尽管我没看到你的脸。

此后的很多个夜晚，当我想起那个转角，想起与你的邂逅，想起你好看的背影，我的嘴角总会不经意地上扬，勾勒出一个不明显的微笑。

猪与芒果的再次相遇不是在爱转角，普通得不能再普通。我们都是新生，你是我的前座，只是我没有认出那天与我相撞的是你。于是，芒果成了芒果，猪成了猪。这场由猪和芒果主演的舞台剧终于拉开了序幕。

那天，前座的你突然回过头，盯着我看了一分钟后终于问："还记得我吗？"这次换我看了你一分钟，在记忆中搜索了半天还是没有搜索到关于你的信息，只好诚实地回答："我们好像没见过。"你看着我，皱着眉头，嘟着嘴，一脸不满地说："你怎么可以忘了我呢？"看着你脸上的孩子气，我也来了兴致，学着你的样子，皱着眉，嘟着嘴，"我怎么可以记得你呢？"你"嘿嘿"地坏笑，"你是脑不记人的猪啊？"我顿时石化……

从那以后，你便每天叫我猪，将我对你翻的白眼直接当空气忽略掉。尽管每次你叫我猪时我的反应都很激烈，或是抓起书朝你丢去，或是直接抓住你的头发，但你仍将厚脸皮的精神进行到底，"锲而不舍"地围着我"猪、猪、猪"地叫，让我很是无奈。

我们爱斗嘴，吵吵闹闹成了我们的相处模式。尽管我们常为一点儿小事而争得面红耳赤，尽管你每次总是很没风度地不让我，但我一点也不讨厌你，因为我知道，你是个很好很好的人。

你会在数学课上毫不客气地敲我的头，将我从太虚幻境里拉回来；你会在我水杯没水时帮我装水；你会在我做题做得焦头烂额时细心地帮我在水杯中添加几片干花瓣，让我驱走疲劳……

而我，也有每天必做的。我会每天耐心地重复那些你一直记不得的几种英语时态的区别；我会每天在你抽屉里放一包纸巾，让你打完球时擦汗；我会学着某些女生在上课前三分钟跑去篮球场叫你回教室……

有时，我会看着你给我讲题目时认真的样子而发呆，想起那个好看的背影……你会突然来一句自恋的："我帅吧？"我马上会回一句："是啊，都帅到太平洋了！"然后低下头认真地听你讲题，不觉间红了脸……好吧，我承认我有点喜欢你了……

其实我也在寻思着给你取个什么样的绰号，大家平起平坐才算公平嘛，但我看着你俊俏的五官却怎么也想不出。终于有一天，你穿着一身橙色运动服再次问我："猪啊，你真的记不得我们的第一次相遇吗？"你衣服的颜色给予了我灵感，我马上回答："芒果啊，你就不能给我一点提示吗？"你的嘴角抽搐了几下，好久才恢复正常，问："为什么我是芒果？"我指着你的衣服说："这跟芒果是同一种颜色。"你朝我翻了一个大大的白眼，说："没水平。"我在心里骂你：你才没水平，黄颜色的东西可以有很多，可是，我最喜欢的是芒果……

于是，我开始叫你芒果，你也不反驳，依旧叫我猪。然后，你终于告诉我，在与我相撞的时候，我傻傻的样子便被你定义成了猪。听完了，我心里是抑制不住的喜悦，原来，在我脑海中挥之不去的背影，真的是你的。或许，爱转角，遇见的，真的是爱……

一次，我感冒了，鼻涕流个不停。"猪什么时候升级成了鼻涕猪了？"你一边说一边递给我一包药。我终于明白为什么你没上第二节课，心里一阵感动，乖乖地吃下了你给的药。

放学后，你对我说："以后感冒了要去医院，别让我为你跑一趟。"我不服气地说："谁让你跑了，活该！"一辆卡车从我身边呼啸而过，你拉过我的手，将我拉到了你的左边，说："小心点。"语气里满是宠溺，温柔如春水，让我感觉回到了第一次相遇。右手感受着你左手传来的温度，十指相扣的瞬间，那温度迅速蔓延，直达心脏，在心房中弥漫。我知道，这种感觉叫幸福。我低下头不语，脸却红了。很快，你放开我的手，脸上似乎也有两抹红晕……

芒果，你总爱说猪像一首歌一样感染着你，给予你快乐。可猪要说的是，我的确是一首歌，曲调只有"哆来咪"歌词只有"快乐"两字。但这首歌，作词作曲全都是芒果，演唱者是猪，听众也只有芒果，若不是你给我作词谱曲，若不是你给我快乐，我又怎能唱出这首歌，将快乐带给你呢？

往后的日子，猪要唱给芒果听，我要许你快乐、许你幸福、许你无忧，那样，我才能快乐、幸福、无忧。

请听猪给芒果唱歌，猪、芒果，一起走，到永远。

方晓舟的球鞋

傲 详

方晓舟想起了一个笑话，突然忍不住咧开嘴笑了起来。身子一微倾，眼角却不经意间捕捉到了一束异样的眼光。

高一新生入学军训的短暂休息时间，周围是陌生的脸孔。从她左后方投射过来的陌生目光让她觉得不安。回望过去时，她却有些尴尬，与其说是盯着她看，还不如说是盯着她的脚看。

她默默地低下了头，脚上的浅蓝色布鞋早已洗成了灰白，脚尖处已经出现了浅浅的开口。在这么多鲜艳靓丽的球鞋中，显得很讽刺吧？她下意识地缩了缩脚。

那张没有表情的脸。她伸出手无意识地绞着旁边的小草，突然狠狠地把它扯断。真讨厌！

军训结束的那天晚上，每个班级都在没有灯光的田径场上为自己的教官唱军歌。

当年轻的教官提议每个人拿出纸笔给自己第一印象很好的同学写句话，在熄灭蜡烛后悄悄拿给他时，方晓舟这个班的人沸腾了。方晓舟并没有有特殊好感的同学，于是她随便写了句"祝你快乐"就近塞到一片混乱的某个人手中。就在烛光重新摇曳在这个四十多人围成的圆圈中央时，方晓舟手中也多了一张纸条。"你笑起来很好看，我们可以做朋友吗？"

很漂亮的钢笔字。对于这份出乎意料的收获,她并没有欣喜。反而愈加黯然。是弄错了吧,黑暗中一片混乱,谁知道呢?

她想起那个男孩儿盯着她的鞋看时面无表情的样子。可恶!她把纸条揉成一粒放在掌中,朝某个方向弹去。

在一片欢声笑语中没有听到其他声音。没打中吧,她把头埋进臂弯里。

当班主任把一米八的苏萧安排在方晓舟身旁时,方晓舟提出了抗议,我不要跟他坐。

"抗议无效。"年轻漂亮的女老师调皮地眨了眨眼睛。

"喂!干吗不要和我一起坐啊?"

方晓舟恶狠狠地瞪回他,"你——讨——厌!"

苏萧不明白这个表情温婉的女生为什么会讨厌他。

"是因为我长得太帅了吗?"他笑得痞里痞气的。

方晓舟干脆不理他。

她拿出签字笔在桌上划出一条三八线。苏萧一手托着脸,偏着头很认真地看着她,"我说同学,你多大了?别这么幼稚好不好?"

"希望你以后安分守己,在你小小的天地里做个良好公民,我们互不干涉内政。"方晓舟抬起头很认真地比出一个OK的手势,"OK?"

"见过幼稚的,没见过你这么幼稚的。"

"还有,"方晓舟不理会已有些愠怒的苏萧,"我希望我们尽量不要说话,以免引起不必要的冲突,你是我的路人甲,我是你的路人乙,我们之间不需要有台词。"

"喂——"

"好,就这么定了。"方晓舟转过身翻出英语书,很认真地开始背单词。

"我到底哪里惹到你了?"苏萧不满地嘟囔道。

哼!你那天就不该摆出那副死样盯着我的鞋看,谁要和你这种人同桌!

对于接下来的两节体育课,方晓舟看着周边其他一脸喜悦的同学却怎么也高兴不起来。她脚底的鞋已经彻底坏了,整个塑胶鞋底几乎完全开裂。早上的两节课她就一直维持着这个僵硬的坐姿动弹不得。

当身旁的苏萧抓起脚下的篮球鞋正欲追随大众出去时,方晓舟尴尬地扯住他的衣角。

"嗯?"

方晓舟扬起涨得通红的脸,笑得极其不自然。"可不可以帮我请假?"

"哦。"他略略瞟了她一眼后点了点头。

当同学们都离开时,整个教室就只剩下方晓舟一个人了。她望着脚上这双不争气的鞋子,又羞又恼。就因为它,她才会违背约定主动跟苏萧那家伙说话,而且还是以那样低三下四的姿态。她生了一会儿闷气后开始寻找解救方法,以免放学后被其他同学看到更加丢脸。她用强力胶勉强把欲脱离的鞋底挽留住。

她望着这可笑的鞋,眼底不自觉地开始了些湿意,凭什么其他人可以那么不珍惜脚上价格不菲的鞋子,而这么一双从地摊上买来的鞋子她却要爱惜到这种程度。

阳光从窗外偷偷跑进来,轻轻洒在桌面上,她把脸埋进臂弯里,在这温暖里,那潮湿的沮丧渐渐平息。她开始有些困意,竟浅浅地睡过去了。待醒来时,苏萧已经坐在身旁了,他看了她一眼后,又起身走出了教室。

她抬起头环顾了一下四周,蒙眬的视线里,教室里仍然只有她一个人,只是桌上多了一个鞋盒,蓝色的便利贴上静静地躺着他漂亮的钢笔字:送给你。

是一双雪白的特步运动鞋。她低下头看了一眼那可笑的鞋子,他一定是看见了,看到了她可笑的处境,看到了她深深的自卑。她狠狠地跺了一下脚，鞋尖处委屈地张开了口。她赌气似的换上新鞋，把旧鞋塞进鞋盒，扔进了垃圾桶。

可恶！她想，以为我不敢穿吗？反正是你自己乐意花的钱。可是眼泪却扑簌簌地往下掉。明明以为她和他可以是平等的，可是却被他一眼就看透了她的窘境。

放学的铃声响起，她站在楼上，看到在操场上上体育课的同学都一窝蜂地往食堂的方向涌。她转身返回教室，安静地坐回座位，闭上眼睛把脸贴到桌面上。很久很久以后，指关节敲击桌面的声音响起，她睁开了眼。

"帮你打了饭。"苏萧看着她微红的眼睛，若无其事地坐到了她旁边。

"是我爱吃的香菇滑鸡饭，也不知道你喜不喜欢。"他打开盒盖，将勺子插到饭中。

"为什么？"她问。

"我猜你没有去食堂，就帮你打了上来。"

"我是说，鞋子。"

苏萧抬起眼，很认真地看着她，"送给你呀。"

这样的轻描淡写却激怒了她。"为什么？"她腾地站了起来，是可怜她吗？还是想打击她脆弱的自尊？凭什么他想送就送？可是她脚上正穿着他送的鞋，她没有底气这样说。

"我想收获你的友谊。"他直视她的眼睛。

她怔住了，再也不敢看他诚挚的双眼。他其实知道她的敏感与脆弱。

"我想成为你的朋友。"第一次看见她灿烂的笑颜时他就很想拥有这样的朋友了，却不知因何让她如此生厌。

"我是个很不错的人哦，交我这么个朋友你不亏的。"

阳光调皮地跳跃在她的发丝上，苏萧看着方晓舟嘴角越来越明显的弧度，也笑了。

木 头 先 生

笛　尔

她紧咬着嘴唇，接过母亲递过来的一袋米，没等母亲把冻在喉咙里的嘱咐化进嘴里，就一转身跑出了家门，留下他依然在屋里吃力地刨着木头，木屑和着汗一同滚进地里。

"你真不去送？"母亲问。

他沉默半晌，手上的活分明慢了几分，却还是沉声道："不送，让她自己去，上初中的人了。"

母亲轻叹一口气，转身走出了房门。他却慢慢停下手里的活，捡起一旁的大烟杆，点上，猛吸一口，眉头拧成一团。待到屋里已是烟雾缭绕，他终究还是不安地跑到门口，长久地看着小路上那快要被山雾吞没的身影，终于心虚地踏出了门槛，做贼似的跟上去。

她跑得有些累了，每一步都像是踩在棉上。身上背的米，是两个星期的口粮呢。而从家到学校得翻过几座大山，她只能用脚，来丈量来回的距离。

她怨呢，怨他的狠心。数十里的山路，他却让她一个人去走——别人家的父母，总是要送一送的。她咬咬牙，把快到眼边的泪忍回去。人家说得对，姑娘终归是要嫁的，到底不比小子来得亲。

她正想着，不留神却被脚下的石头绊了一跤，摔在一片碎石地上，石子儿硌进了手里。生疼。东西散了一地，连新换的衣裳也脏了，她终于忍不住，委屈地大哭起来。

跟在不远处的他见状忙跑上来，扶起她，又把东西捡起来，掸了掸灰，塞进她怀里。见她愣着，他便嗫嚅着说："我来砍柴的。"她听了却有些许欢喜。

她正要走，他却抓着她的胳膊，小声说："既然碰上了，便送你一程吧。"于是，她在前面走，他在后面隔着几米跟着，一路无言。

后来他来看她，拿了些粮食和钱给她，只说，他做的木器卖了好价钱。

那之后，她在家无事时就坐在一旁看他做木工活：看他娴熟的手法让木窗上开出花来；看他弹动墨线如拨弦般优雅；看他只用一双手、一块木头、一把刀，就让他手下生长出了一个世界。

他和她分别是我的外公和我的妈妈。他们家当时在村里并不宽裕，然而就在那个年月，他把五个子女全都供到了大学——这在村里是绝无仅有的。

妈妈说，他做了一辈子木匠，到头来人也变得跟木头秉性相似了。

木头先生，木讷且沉默，却用爱，在心里一圈一圈画着年轮。

十五岁那年的旅行

微光·莫莫小呆

那年，我十五。初三，黑色的七月。

落了榜，雨季随之而来。

好像是没完没了了，雨一直在下。我只差三分就上线了，老师说我上重点高中没有问题的，可我却落榜了。

查完成绩后就病了。父亲说带我去烟台买又香又甜的烟台苹果，母亲包了我爱吃的黑米包。

可我仍旧在发烧。

我知道自己是为什么落榜的。

初三那年，迷上了写小说，迷上了一个英俊的少年。在雨中的梧桐树下，我把写着喜欢他的纸条递给他，转身跑了。等了又等，等了又等，梧桐树叶都落在地上铺成厚厚的一层，泛着枯黄色的光芒，他也没有答复我。

我们的那个家属院里有太多的梧桐树，它们的叶子如同宽厚的手掌，纹理清晰，有我想象的温度。树下那个忧郁的少女开始发表一些零散的东西，在校报上，一发就是好几期，完全是文学女青年的形象。

因为发表文章，算是学校的名人了，别人会直呼我的笔名，而且我的学习成绩不错，被老师寄予厚望。

中考，我离一中历年的录取分数线有三分的距离。

这是不争的事实。许多平常不如我的同学考上了一中，她们兴高采烈地来找我玩，商量买什么样的旅行包去旅行。其实她们并无恶意，但在我看来，却是如芒在背。

　　到哪里去呢？去姑姑家？去乡下的外婆家？一定也会被问起中考的事情。他们一定会问"考了几个A啊？"到哪里也逃不了。出去就有人问，考上了吗？多少分？

　　已经快崩溃掉了。

　　才女立刻变成了被人同情的对象，那一刻，我只感觉到世界这么小，到处是雨季，没完没了的雨季。

　　我哭了很多次。MP3里是陈绮贞柔软的声音，一遍又一遍："我的离开，是旅行的意义。"

　　可我仍然哪里也去不了，仍然有同学来找我。

　　绝望和颓废让我真的快崩溃了，不过几天，我瘦了十多斤。

　　那天，依然在下雨，父母都去上班了。我忽然有了一个念头：我要离开这里，越远越好，这个地方，实在不能待了！

　　说干就干！我找了几件衣服，然后把母亲钱包里所有的钱全掏干净了，大概有一百来块钱的样子。我给他们留了一张纸条：我去散心了，不要找我。我没事的，会回来的。

　　其实我也不知道自己要去哪里，反正我就是要走，不能留在潍坊了，这个地方太可怕了，它就像一个牢笼，将我紧紧地囚禁，使我感到一种快要窒息的沉闷。

　　就这样，十五岁的我，一个人，兜里揣着一百来块钱，独自踏上去青岛的火车，我要去看海，像小说里写的那样，去看那美丽迷人的海。

　　这是我一个人的旅行。

　　火车上，我的心情还是非常沉重，眼睛里一片模糊。我有些伤感，却觉得自由了，终于没有人问我分数了，终于没有人问我是不是考上一中了。

一路上颠簸了五个多小时，终于到了青岛的火车站，下了车。正是中午，毒辣的太阳使我感到一股无名的燥热。

我像木头人一样，看着熙熙攘攘的人群，忽然就感觉到一种深深的无助。

一个十五岁的孩子，只身一人，奔赴另一座陌生的城。人来人往，而自己，却像一只迷失的青鸟。那种滋味，只有经历过的人才懂吧。

晚上，我住进一间小旅馆，一晚只要五块钱。晚上，我被蚊虫咬醒一次又一次，再难入眠。

好在，老板娘是个很好的人，她在我的房间里，放上了一叠蚊香。

时隔多年，我仍然记得她在我的房里放的那一叠蚊香，后来我多次去青岛，却再也没有看到那家小旅馆，大概早就拆了吧？

到达海边时，我已经又黑又瘦，似乎还带着丝丝疲惫。

但，我终于看到了大海！

如果一个人只是在想象中看大海，那么，大海只是很大很蓝。可是当我真正看到大海时，才发现不是那么回事。

大海，更像一滴巨大的眼泪，它落在了地球上。

我躺在海边的沙滩上，忽然觉得有什么东西热热的，一直流进我的耳朵里。开始我只是默默流泪，后来，我干脆放声大哭，哭的声音很快被海浪淹没了。和那些咆哮的海浪比起来，我的哭声是那样小，甚至微不足道。

很难说清那是一种什么心境，刹那间，我似小僧悟道，心境清明了。"面朝大海，春暖花开。"那时我正在读海子的诗，而这句诗后来被广泛滥用，但在那一年，没有人比我更懂得它的真正含义。

我就在海边一直待了三天，几乎花了所有的钱，买了好多珍珠项链，捡了好多贝壳。我无比迷恋着海，看着海浪退了来来了退，我想通了，生活就是如此，进进退退，不可能一直向前的。我也决定了，回去复读！尽管我那么不愿意上"初四"，虽然我要低下头忍耐一年，可是，我真的想读大学！

回到家时，爸妈哭了。

他们没有打我。妈妈的头发白了好多，爸爸瘦了几十斤。他们登了寻人启事，四处找我。他们抱着我哭，我却傻笑着，递给她自己从海边花几块钱买的珍珠项链。我说，妈，戴上，准好看。

妈妈摇着头，只是哭："要是你有个闪失，你让我们怎么办？"

爸爸起身，从里屋拿出一份通知："今年一中没有招满学生，所以分数线降了七分。"他顿了顿，叹了口气："可你却连招呼都没打，就自己走了，我跟你妈到处找你，就差报警了。"

我忘不了那天晚上我的心情。我放声大哭，嘴角却带着笑。

在我兜兜转转了一大圈以后，竟又迈入了一中的校门。

我知道，这是老天的垂怜。

上了高中以后，我没看小说，做了一年书呆子。我明白的，生活是需要进进退退的。

我更明白，我不是为了自己而生活。绝对不是。

曾有人问我，你是不是一个坚持的人？

我笑着告诉她，我曾经放弃过，因为放弃是为了更好地往前走。

感谢十五岁那年的旅行……

为明天攒故事

　　我的心脏在瞬间受到了震撼,为明天攒故事,这是多么动人的一句话啊!我只知道钱要攒,时间要攒,知识要攒,可我从没想过要为未来的自己攒下一些故事。是啊,如果今天没攒下故事,在未来我要拿什么说给自己听呢?

好想告诉你，我没有忘记

舒 木

初三刚开始，你便以留级生的身份入住我们班。

当你走进教室时，我听到一群女孩儿低声讨论着你，的确，你很瘦。但你给我的印象很痞，就像混混儿一样，毕竟大多混混儿都很瘦。不过幸好你不抽烟，这为坐在你前面的我提供了安全保障。

第一次考试，你全班第一，脸上那痞子样更不可一世。老师上课，永远听不到你答题的声音。但黑板上的每一道题在你手中就像算1+1=2一样简单。

晚自习时，数学老师没来。我看着像被后妈用鞭子抽过一样的卷子，叹了一口气。拿出草稿转过身准备向你请教问题，可是看见的是你那若隐若现的后脑勺和堆得比城墙还高的书，我一度认为你是不是睡死在桌上了？

于是我急忙搬开面前的书，很明显我这举动惊吓到了你。你右手"啾"地一下从抽屉里抽了出来，左手随便扯了一本书放到桌上，然后抬头，看到惊呆的我，你深吸口气后问我干吗，我指指卷子：这题不会。

你瞥了一眼题目就接过稿纸演算。好吧，我承认我数学差，但你能不能别这么明显地打击我？我小声嘀咕。你抬头白了我一眼，继续算题。

当然，更打击人的是这题我都不好意思听第三遍了，但你仍然极耐心地讲解。要换作别人，早就一本书向我砸来，怒吼：你是不是想把我气死啊？你脑袋是被雷劈了还是让猪撞了？所以我觉得你还是挺好的，至少有耐心。正想着，却一不留神就把你桌上的书给碰掉了。刚要道歉，却发现桌子破了一个洞！而且还发着蓝光！原来你是透过这个洞看手机小说……

我话还没说完，你脸一沉：

闭嘴！

我……

转过去，我不想说第二遍。

我悻悻地转过身，小声嘀咕：什么人啊这是。亏我刚才还在感激你，完全是浪费我感情。

下课后，你走到我桌旁，居高临下，一脸霸气地说：你，叫九戒。

自从你不知是哪根神经搭错了，创造出这么一个犯二的外号之后，我俩对话就成了以下方式：

九戒，把书捡一下。

九戒，老师来了叫我一下。

九戒，帮我倒杯水来。

……

我开始沦为和平年代里的新奴隶。看见你悠然自得地看小说我就一肚子火，抄起英语书就向你扔去。你当我是你保姆啊？还得给你端茶倒水，是不是待会儿放学还得给你做饭啊！

你接过英语书，痞笑：好啊，记得再带个锅，煲点汤。

我当时真想一刀劈了你，但苦于没刀。于是我气急败坏地吼道：我看你就是一口锅，还不锈钢的！你干脆叫T锅算了。

于是，你的外号就这么华丽丽地诞生了。

俗话说没有永远的朋友，只有永远的利益。你说T锅这外号太损你美好的形象了，那你当初帮我取外号时又想过给我留面子没？因此，外号矛盾上升为我俩的主要矛盾。

语文晚自习，你漫不经心地叫道：

九戒，转过来。

啥事儿？T锅。

喏，拿着。你用纸包着团徽的一半，捏在手里，让我拿另一半。我想都没想就伸手去接，突然一阵钻心的疼痛传来。

好烫。我急忙扔掉团徽，一看食指，烫红了一块，而且还有水泡。同桌朵生气了，她安慰疼哭了的我，然后冲你发火。团徽在墙上摩擦能产生多高的热量你又不是不知道，人家根本没惹你，你干吗欺负人家？

但你仍是一副事不关己的痞子样，我突然觉得心里好难过。回家后，却在语文书里看到你留的字条：

对不起，我不是故意想烫伤你的。我当时也不知怎么了就叫了你，对不起。我错了。

看着和你性格完全相悖的字条，我忍不住就笑了，原来你也会道歉啊。

再后来班上传着你和另一个女孩儿的绯闻。但我们仍然好像两条平行线，彼此没有任何交集。只有你那俩妹妹不时蹦出一句我才是她们的嫂子！把我直接秒杀，同时被秒杀的还有你。

在这场打打闹闹中，我们度完了我们的初中，也度完了我们前后桌的时光。

纪　　行

曲玮玮

1

半年前在上海做过一次背包客，对城市的新鲜感已被冲淡。刘索拉说，活着就为了寻找同类。我只好奇这次旅行会遇见怎样的一群人，或哪怕是一个人。

其实已经给新概念投了三年文章。前两年是散文，那时候天天守在电脑前等待晋级名单出炉，希望连续落空后带着一肚子怀才不遇的怨气。现在回过头来看，那些文章堆砌辞藻太严重，强说愁的把戏也被人一眼看穿，等不来结果也是正常。第三年写了三篇严肃小说，掏心挖肺去写，有人说小说家可以撒谎，可以躲在故事背后变戏法，而散文家不可以，散文家在说出"我"的时候，就一定是在写自我。我不是什么"家"，我唯一的武器就是真诚。

第三年反而不抱什么希望，直到有天闲来无事百度一下自己的名字，发现了很多人翘首以盼的名单。我默默告诉自己，旅行要开始了。

这趟旅行是仓促的。期末考试临近，我大多数时间还是在复习，也没有事先联系多少同伴。比赛前一天晚上才匆匆坐上飞机，将近零点才抵达宾馆，而两位同伴依然守在前台等我，大家从未照面，却好像是不必寒暄的老朋友，他们说"嘿，你来啦"，就轻轻接过我的行李箱。想到自古以来说文人之间惺惺相惜，觉得很温暖。

2

我拍过一张照片，考场楼前站满等待进场的选手，他们穿不同颜色的大衣，聊天的时候盯着对方的眼睛，呵出一小团热气。镜头没办法一一掠过他们的脸，但我觉得一张照片就足够把他们都浓缩在一起。的确，每个人都不一样，但是随便盯住哪个人，就很容易让你想到类似梦想、才华的字眼，藏在他们紧锁的眉头里、挥舞的手臂上、呵出的热气里，还有明亮的眼睛里。女伴G说，来之前觉得自己很了不起，原来也躲不过湮没在人群中的命运。而此刻，无论我在远处默默观望，还是走向他们，都觉得很幸福。

复赛题目二选一，《韩寒》和《寻找不是用眼睛》，事后大家讨论起来，都觉得今年题目很水，第二个题目甚至很"高考作文"。大多数人避重就轻选择第二个题目，而我不假思索在稿纸上写下"韩寒"二字，打好了粗浅的提纲，很快就完成。除了考场作文和这一次，我从来没有在稿纸上写过文章。我以为自己会笔尖生涩，思维也受阻，好在新概念给了我两小时非常顺畅而享受的写作过程，给我一次向韩寒致敬的机会。

完成后仍没有对结果抱太多期望，我引用了太多话，舍本逐末，有点忽略了自我。回来大家漫不经心地聊天，分享复赛所写的故事结构，我由衷惊叹他们的才华，也渐渐忘记了这是一次比赛。直到两天后主持人宣布结果，我看到会场所有人无不在屏息凝视或闭目祈祷。坐我旁边的美女已经参加过两届，她今年高三，想读上戏，需要一个一等奖，也看起来势在必得。我记住她的名字，等待与她一起欢呼的那一刻，也开玩笑说一定要借她的奖杯合影。后来却只听到了自己的名字。我从始至终没有笑过，只是默默把纸巾递给一旁的美女，给她拥抱。我没有笑，总觉得奖杯是捡来的，他们太有才华，我只是一个站在角落的冒失者。

只有奖杯的重量在提醒我，我拿了一个稍微能够证明自己的奖。不知谁传开了消息，回家后收到太多祝福，我笑着说谢谢。我没有空虚，更没有飘飘然，我只知道路还长。颁奖典礼上一位老师说，晚上他们围在一个大屋子里看稿，评委们时不时会惊呼"大家快来我这里，这篇稿子好棒"。我只是在想，不需要为我欢呼，只要评委席里我喜欢的叶兆言、张悦然还有周嘉宁都看过我的文章，他们甚至会心地微笑为我打下不低的分数，这已经是多么幸福的事。

3

上海这几天在下雨，很细很久的绵绵雨，想软磨硬泡浇熄每个人的热忱，可惜诡计失败，大家都有娱乐至死的精神。不夸张地说，两天加起来，我没有睡上十个小时，其余的时间不是在High，就是在房间发呆。

大家住在一个简陋便宜的酒店里，集体行动非常方便。晚上在美罗城里的好乐迪包了几个包厢，大多数人是通宵的，我由于感冒，身体素质不佳，不到凌晨四点就跟一个男伴F返回。路上我们共用一把伞，两个人靠得很近也没有觉得怎么不妥。

包厢里的混乱程度我描述不了，好在我也是五毒俱全的大尺度，不亦乐乎。没有人刻意聊文学，大家漫不经心地随便扯一个人说说话，随意靠在一个人肩膀上，临走时互留姓名，这样就好。

第二天的上海又是细雨如绵，上午我在宾馆百无聊赖看电视听周立波扯淡，临近中午决定出门觅食。有人约去豫园，因为去过就放弃了。酒足饭饱后想独自走走白天雨中的新天地。上海是很年轻的城市，但随处都能让你看见历史，哪怕石库门被改造得已经很彻底。逛完一大会址后去了熟悉的季风书园，后来F出现约我同逛。

我特别容易对别人产生依赖感，超过两个人行动，我就容易犯傻，而一个人总是很顺。所以整个下午和晚上我都是二逼青年。两人聊天大部分时间只是嘴贫，偶尔聊到文学上，就只剩下我惊叹的份。这就是新概念，它平易近人，它没有多神秘，等你觉得不过如此时又悄无声息扔给你一个重磅炸弹。汝果欲学诗，工夫在诗外。刻意去寻找反倒没什么结果。

晚上在房间跟几个朋友闲聊，大家说每届新概念都有爱情。文青们的恋爱的确美好。

而大家都说自己是个挺"二"青年。

4

印象最深的是颁奖之后的自主招生活动。因为北大只面试应届高三一等奖学生，我今年没机会，反倒没什么压力，只是找其他大学老师们聊聊，今年的资格作废掉也不可惜。新概念的加分政策被很多人捧得神乎其神，一个比赛只能作为录用的参考，若把它当成获胜的筹码，显然想得太简单。

在招办老师的房间门口，所有人少了锋芒棱角，全都变得温良恭俭让，轻声细语，大家打探各方信息，颇有团结一致对抗敌军的味道。这也是新概念，在展示灵芝仙草、展示月光与诗意的同时，毫不掩饰功利的一面，也正由于它的直率与坦诚，让你又多了几分热爱。当功利主义甚嚣尘上时，文学还在，清风明月永远都在。反之也是，我们在路上，完全可以为了名利为了物质而暂时停下，只要心中的日月还在，脚底的风还在。不接地气的、没有生活本原做支撑的文学不会走太远。

临走前，我把手上空白的自招填表装进背包，跟每个在门口焦急等待的孩子们微笑。

5

回家的时候觉得恍若隔世。短短三天，手机通讯录里多了无数个名字，旅行包里多了一份重量。

应该还不止这些。

6

希望还会有明年。

流浪在云端

傲 详

1

方扬来找我的时候，我们正在上自习。我和同桌季安在比赛谁先把刚发下来的三角函数卷子做完。

我烦躁地看了一眼站在教室门口的方扬，肯定没好事。

"干吗呀？"我满脸的不耐烦。

"借我三百块。"他很干脆地伸出手。

我重重地打掉他的手，"没有。"

"徐美玲昨天刚给你三百。"他扯着我的衣角装可怜，"我欠游戏厅三百块，再不还，老板娘会让我以身相许的。"他眨眨眼睛，"你忍心吗？"

我对他这种装可怜的把戏嗤之以鼻，摆着一副厌恶的脸孔掸掉他的手。一转念，万一他真的被游戏厅老板娘怎么样，徐美玲也不会轻饶我，看在他也跟着我喊徐美玲一声"妈"的份上，我忍痛割爱，哆嗦着掏出本来想用来买运动鞋的三百块。他两眼放光，迅速把钱抽走。

"一定要还给我！"我揪住他的衣领叱喝道。

他一脸谄媚地笑道，"一定，一定。"我又想起他平日里也是这么一副嘴脸跟我借钱时，不由得痛心疾首。借他钱完全等于肉包子打狗。

他还没等我痛心疾首完就已经迅速开溜。我回到座位上时，季安已经把卷子做完了。"徐琪欣，我做完了哦，今晚的章鱼丸子你请定了。"他好看的眉眼里跳跃着一丝小小的得意。

我拍了拍瘪瘪的口袋，烦躁地嚷道，"没钱了没钱了！"他也不生气，好脾气地说："那我请你吧！"

前桌的苏晓晓转过来，"可是季安，你答应过今晚送我回家的，我的自行车坏了你忘了吗？"她委屈地嘟着嘴。

季安轻轻地笑了，假装很为难的样子。

我含笑盯着他们两个看，在感到苏晓晓越来越肃杀的眼神后，赶忙收起一副等着看好戏的嘴脸，善解人意地拍拍季安的肩膀，"你就送苏大美人回去吧，我有人送，章鱼丸子什么的也不急着今天吃，以后加倍也行。"

不成想苏晓晓竟不领情，狠狠地白了我一眼，以致接下来的两节课我仍能感受到她黑漆漆的后脑勺射出来的杀气。

放学铃一响，我就赶忙冲了出来，以免再遭苏晓晓白眼。方扬彼时已在公车站等候。他拉着我的手走向前方，在狂热的挤车人潮中杀出了一条路，周围不断响起不满之声，"挤什么挤！""哎哟！踩到我脚了！""混蛋！干吗呀！"咒骂之声不绝如缕，然而塞着耳塞的方扬没听到般一直挤到了最后一排。

我们大呼一口气后相视一笑。他拿下一只耳塞塞到我耳朵里，这样我的耳朵里就一边流淌着贾斯汀的天籁，一边充斥着诸如"刚转过来的男生好帅哦"的聒噪。

公共汽车在拥堵的路上时开时停。方扬干脆靠到我肩上睡觉。我一偏头向窗外望去就看到苏晓晓一手环着季安的腰一手拿着串小吃在单车后座小口小口地报着。褶皱的校服裙伏在她洁白的大腿上，欲开欲合，似一朵娇羞的白玫瑰。

可惜这带刺的白玫瑰只对人季安娇羞，我一想起她充满杀气的眼神就恶向胆边生。

2

回到家时，方扬开始忙碌我们两个人的晚餐。徐美玲今晚加班，而方书同总是出差。

其实方扬厨艺很不错，可惜只有我知道。徐美玲和方书同总是把他当成只会玩游戏的一无是处的人。其实我知道，他有他的梦想，他想成为优秀的游戏软件设计师，虽然他总是逃课，成绩很差，但这并不妨碍他继续追逐梦想。他很爱方书同，可在方书同眼里，他却是个叛逆的孩子。他其实并不喜欢徐美玲，虽然十年来他都和我一样喊她"妈妈"。

还记得七岁那年，在徐美玲和方书同的婚宴上，我躲在角落里吃着蛋糕，他冲过来扯着我的辫子大声说：我妈妈叫沈纯，不是什么徐美玲！你和你妈快点滚出我们家！

说完，他黑溜溜的眼睛就开始冒出水珠，不一会儿，胖鼓鼓的两腮就湿了，鼻涕眼泪一趟一趟的。他蹲到地上哭得声嘶力竭，我站在边上犹豫着要不要走开时，徐美玲就出现了。她瞪大眼睛，扬起手给了我一嘴巴。然后，方扬就神奇地不哭了。他眨巴着湿湿的眼睛望着我。可能从那一刻开始，他就全然接受我了。

徐美玲从来都是这样不分青红皂白，她是个非常不讲理的人，方书同跟她不会长久的。我爸就是这样跟她分了的。那天晚上，方扬拿着他最爱的变形金刚钻进我被窝跟我道歉时我这样安慰他。

他眨巴着亮亮的眼睛，问我，"等他们离婚后你还住这里好不好？"

我非常坚定地点了头，并伸出小指和他拉钩以表我的决心。

然后，我就在这里住了十年，徐美玲和方书同一直很融洽，而方扬也不会动不动就抱着变形金刚钻进我的被窝了。

3

半夜时分，方扬跑到我房间里把我摇醒。我看着他凌乱的发，枯槁的面容，不整的衣衫，大惊：“你被人凌辱了吗？”

"我想了很久，最终还是决定告诉你。"

我瞪大了眼睛望着他，抱着些许期待渴望从他嘴里听到足以让他胆大到敢骚扰我睡觉的秘密。最好这个秘密惊人，否则，阻止我睡觉的人，我只能让他的脸惊人。

"我喜欢你们班的苏晓晓。"

Oh，my god！又是那朵带刺的白玫瑰。我的内心瞬间从无语过渡到愤怒再转化成同情。

看着他一副欲说还休的不胜娇羞的扭捏之态，瞬觉欲哭无泪。虽然这个秘密不怎么惊人，方扬这个外貌协会的喜欢苏大美人也不甚惊奇。可是人家苏晓晓早把芳心许给了季安。让他知道这事，即使我不出手让他的脸惊人到明天吓坏路人，他也会自动化把脸惊人到吓坏我。想当初我和他打架，总是我的拳头还没落下，他就立马哇哇大叫，鼻涕眼泪淌得一团糟。

我下意识地拢紧我洁白的被子。

"帮帮我呀！"他跳起来扑到我床上，"只要你帮我，我就把之前借你的钱全还了！"他讨好地把脸凑到我面前。

我撑开五指一巴掌拍到他脸上顺势向后推，他一个没稳就跌下了床。长痛不如短痛，与其受苏晓晓的长期心理折磨，不如现在就让我给打清醒了。

他从床下撑起头来时满脸委屈。

"苏晓晓有什么好的呀！成绩不如我，力量不如我，魄力更不如我。嘴又毒，眼神又凶，除开长得漂亮，有哪点值得你喜欢？"这种满身是刺的漂亮女孩儿哪是方扬这种呆子能驾驭得了的？人家季安长得好，成绩好，脾气更好，好歹也是只打着领结的白天鹅，与那白玫瑰也算相配。可方扬怎么看怎么像淌着哈喇子的丑小鸭。

"你是不是觉得我是癞蛤蟆想吃天鹅肉？"

我看着他，一时说不出话来。

"连你也这样看我？觉得我一无是处吗？"

4

方扬最终还是跑去跟苏晓晓告白了，我看着一米八二的他在娇小的苏晓晓面前低下头去时，替他难过了起来。

苏晓晓走后，他依然站在那里。我走过去时，他冲我吐了下舌头。我笑，他也笑。

"她说她不喜欢成绩太差的人。"

"其实你也不算太糟糕啦！"

"她说我只会玩游戏。"

"她是没吃过你做的饭，没看过你修理电脑，没看过你打网球，你哪里只是会玩游戏而已。"

"她嘲笑我没有梦想。"

"叫她去吃屎吧！你的梦想伟大着呢！哪是她这种胭脂俗粉所能理解的？"

"其实我发现，我好像并不是特别喜欢她。"

我抬起头看着他。

"因为我现在好像并不怎么难过，"他眨了眨眼睛，"原来我在你眼里还是挺不错的嘛，哈哈！"他冲我调皮地吐了下舌头。

我扶额，我真应该去撞豆腐，竟然还替他难过，他这种神经大条的呆子哪是会难过的主儿？

他把手搭到我肩上，"我请你吃麻辣烫吧！"

5

期中考的试卷发下来，毫无悬念的，季安第一，我第二，苏晓晓第三。今天的苏晓晓有些异常，没有转过来和季安"讨论问题"。

"苏晓晓说她喜欢我。"他低着头，手中的笔依旧飞快地在草稿本上列式子。"你说我该怎么办呢？"他抬起头来，微笑着盯着我看。

"这种事情问我我怎么知道？当然是你自己决定喽。"我看了他一眼，淡淡地答道。

他笑了，"如果我说我喜欢你多一点儿呢？"

手中的笔在本子上划出一道拙劣的痕迹，"是吗？"

他看着我冷淡的表情，沉默了。

第二节自习课，他史无前例地翘课了，我被他的话搅得心烦意乱也逃到天台。他躺在长凳上，听到声音后望了我一眼。

"今天的天空很漂亮，你也来看吗？"他的声音淡淡的。

我也搬了张长凳躺到他旁边。

天空很蓝，有大朵大朵的云慢慢漂浮。飞机从头顶飞过，留下一串惊心动魄的轰鸣。

"你看那云，"他伸出手指着天空，"好高啊！"

"你知道吗？我一直觉得我好像在云端流浪。我妈妈从小就要求我凡事都要做到最好，理所当然地要成绩好，品行优雅，获得所有人的赞美。所以我很享受同样被他人瞩目的苏晓晓的崇拜，即使我并没有多么喜欢她。可是我却被你拒绝了。"他转过脸来，"你喜欢的是方扬对吧？"

"没有，他是我弟弟。"

他笑了，"你跟我一样，都是在云上的流浪儿。你表面上大大咧咧，什么都不在乎，好像内心很强大，其实你比谁都敏感脆弱。喜欢的人永远只能是弟弟，呵。"

我也轻轻笑了，眼泪溢出来，慢慢流进了耳朵里。

我们行走在高高的云端，掩饰起内心的恐惧与孤独，装作一切都很好，当看到一个和自己相似的人，才发现，原来自己一直与寂寞同行。

穿过麦浪的小狐狸和豌豆

滴水无痕

1

假如，我是说假如。

假如那天不是因为贪睡而匆匆地赶往教学楼，假如我没有因此在楼梯的拐角处撞到来不及躲闪的沈熙澈，假如沈熙澈没有在抬起眼之后像阳光一样明亮地笑着对我摇了摇头，我想，我一定不会就那样喜欢上他。

可是事实上，这一切就那么无可避免地发生了。

当时他的短发在橘色的阳光下镀着温柔的金色，我突然想到《小王子》里那只在滚滚稻田里等待驯养的狐狸，他孤高骄傲，从容地倾听过草木生长的声音，所以微笑一定会是沈熙澈这样浅淡和轻盈。

于是我在他转身之后大声地冲他喊道：苏衫衫，我叫苏衫衫。

我的狐狸王子转过身冲我笑了笑，只是笑了笑，就走开了。

2

接下来，我便害了一种叫作相思的疾病，怅然而甜蜜，愉悦却忧愁，让我日日辗转反侧。

深夜里，我钻进白筱羽的被窝长吁短叹，"羽羽，我的狐狸王子究竟藏在哪里呢？"我的好朋友白筱羽拍了拍我的头，她把我抱在怀里，让我贴着她软软的身体，轻声地回应我，"衫衫，蔷薇花都开了，你总会在自己的花园里找到他留下的脚步的。"

按照筱羽的建议，第二天学校的BBS上出现了一个名为《寻找狐狸王子》的帖子。我闲时便蹲在电脑旁眼光灼灼地等回复。

几天下来，有看热闹的，有开玩笑的，有无聊路过的，却唯独没有任何有价值的线索，我不得不承认自己的内心开始无比沮丧起来。

这中间有一个署名为豌豆的男生引起了我的注意，他的措辞尖锐而不屑：只不过是一次碰面，真不明白女生大脑里的什么东西在毫无了解的状况下认为自己就是小王子，而那个人就是你的狐狸和爱情呢？

我不由得气愤，他怎么会明白那天上帝在阳光里对我们施了魔法呢？那一刻，时间都为我们停止了。

我恶狠狠地回复了留言：不相信童话的人自然不会明白什么叫奇迹的。

他在那边沉默了。

一会儿，有人敲我的小企鹅，我加了这个叫豌豆的男孩儿，他说，我知道他的消息，我告诉你。

3

可是豌豆并没有直接告诉我什么，他说小王子，我们来玩个游戏吧，你拿你的秘密来交换狐狸的消息，一个秘密，我换给你一条。

于是我知道了沈熙澈叫作沈熙澈。咳咳，这可真是个病句。

代价是我告诉豌豆其实我一点儿都不喜欢短发，只是因为以前暗恋的男生喜欢短发的女生。

我知道了沈熙澈是工程管理的大二学生。

代价是豌豆知道了我初中时数学常常挂掉。

为了得到更多的沈熙澈的消息，我不得不出卖了自己一个又一个的秘密。

这些秘密让我的倾诉变得越来越自然和习惯，我不得不承认，当自己可以诚实和坦然地面对内心时，才能发现自己原本在意的东西其实很可笑。

于是我在过生日时告诉豌豆其实我从小没有爸爸，妈妈再婚，所以我在外婆家长大。

我告诉豌豆我小时候住的地方一出门就能看到一片金色的稻田，当风吹过时能翻滚出起伏得很好看的麦浪。它们温柔得像外婆唱南方小调一般，曾经含情脉脉地目睹我孤独地成长。所以沈熙澈一定是上天赐给我的那只狐狸，那天我遇见他，他就站在金色的阳光里看我，像是从未离开过一样。

敲完这些话，我发现我已经没有什么秘密可以交换了，而沈熙澈也在这些个模模糊糊的日子里逐渐清晰起来，除了站在他面前，我早没有其他需要再了解的东西。

我是想和豌豆告别了，可是那一刻，心里却升腾出淡淡的失望来，鬼使神差地，我对豌豆说，我们见面吧！

4

假如。

我是说假如。

假如那天我没有决定和豌豆见面，假如我没有穿着白色的裙子站在醒目的校门口，假如记错地点的豌豆没有在路过时停住脚步，假如他没有小心翼翼地上来问你是不是苏衫衫，我想，我一定会少了一个难得的朋友。

可是事实上，在这一切都发生过后，他只是冲我笑了笑，小王子，你好。

他长着一张好看的娃娃脸，声音镇定安静，整个人却像小孩子一样局促和羞涩。我想到童话里那个温情可爱的豌豆小人来，他曾经在夜色里使劲儿地想要吹亮一块即将熄灭的炭火，红色的火苗像是豌豆现在的脸色一样。

他说苏衫衫我请你去吃冰淇淋吧，就是你说的粉红色的涂满巧克力的那种。

坐在冰点店里，我吃到了我曾经吐给豌豆的小秘密，那是我十二岁时最崇高的理想。

5

在认识豌豆两个月的时间里，我仍是没有机会再遇见我的沈熙澈。

倒是豌豆很多时间和我待在一起，这六十多天的时间里，他让我鼓起勇气养了一株植物，带我去看了摇滚演出且成功地教我学会了骑脚踏车。

曾经这些全藏在我身体里不敢示人的小角落，现在它们就这样蜿蜒地摊在了月光之下，让我周身的细胞都跟着呼吸起来。

豌豆已经习惯了傍晚在宿舍楼下喊我的名字，苏衫衫、苏衫衫……然后我不得不在舍友们一脸暧昧的表情里匆匆跑下楼。

筱羽在晚上睡到我身边时也一脸坏笑。她说，衫衫，你听见他的脚步声了吗？

不知为什么因为这个我和自己赌了气，骑脚踏车时左拐右拐莫名摔一跤，在几次尝试无果后，我回头看了看一直跟在后面小心翼翼却累得牛一样的豌豆，在看到他湿漉漉的头发时，我突然觉得自己的心不受控制地狠狠地跳了跳。

我气恼的是苏衫衫你怎么了？你忘记你寻找的狐狸了吗？

6

我没有想到会在那样的情况下再次见到沈熙澈。

当时我等在男生楼下，准备和豌豆一起去打网球。

当时下午澄澈的阳光是那么没有铺垫地洋洋洒洒地落在我的周围。一如突然出现在门口的沈熙澈，还有，他身边的豌豆。

我一直以为豌豆认识沈熙澈，却从来没有想到他们会是像我现在看到的这般亲密和睦的朋友。是因为那些曾经关于沈熙澈的消息都是直白而程序化，没有任何私人的小细节，还是因为我从来就不曾想过豌豆在知道我那么喜欢沈熙澈的情况下，却把这样重要的情况瞒着我。

我突然感到受伤，莫名其妙地被轻视和背叛的感觉一点点地涌了上来，模糊了我的双目。这一切像是一个笑话，我面对一个和沈熙澈咫尺之间的人，拿我所有的热情倾诉了一个关于寻找的故事，却不明白主角原来和我只有一步之遥。

豌豆在转身时发现了站在侧面的我，他立马明白过来，急匆匆地走向我，可是在他走过来之前我便转身用力逃走了，我心里苦苦的，全部都是被豌豆欺骗后的委屈和难受。

可是，我不是应该难过于屡屡错失的沈熙澈吗？

7

打开邮箱时，我发现豌豆写来的道歉信，他在信里给我讲了一个我熟悉的豌豆小人的故事，他说苏衫衫，在遇见你之前，我虽然相信童话，却是不相信奇迹的。

我们每个人的心里都藏着无数的阴暗沮丧的东西，像豌豆工作的灶炉里的那些没有数量的灰烬和尘土。

我开始只是好奇一个相信童话和奇迹的你身上是不是像我这样压着各种灰色的情绪和不愉快的过往。

于是我利用好朋友的讯息交换了你身上的这些东西，却发现你并不是我原想的那样明亮和快乐。在交谈中，不知道什么原因促使我一直没有告诉你我和沈熙澈是朋友的事实，现在我终于知道原因了。

他说，苏衫衫，我喜欢你，我多想给你一个没有缺憾的记忆，让你觉得更加温暖和丰盛。

他说，苏衫衫第一次在校门口见到那个穿着白裙子的你，干净得没有一点杂色和污垢。我直觉地叫了声你的名字，你回答的那一刻我才知道奇迹是真的存在的。

他说，苏衫衫，对不起。

8

我又跑到楼下等豌豆。

这次我特意穿了白裙子，慌慌张张，手足无措。

像极了我以为遇见爱情的那个下午。阳光暖暖地洒下来，橘红的，可以让世界都镀上温暖的稻田色。

我等啊等，却始终没有等来我要等的人，哦，他不是站在我身边的这个好看的高个子。虽然我曾一千次地幻想过现在的情景。

是的，高个子的沈熙澈就站在我的身边，他的声音也一如我想象得低沉和好听。他说苏衫衫其实第一次我便记住了你的名字，他说苏衫衫我听豌豆说了你的事，他说苏衫衫你是在找我吗？我就在这里。

我虔诚地望着他的眼睛，却坚定地摇了摇头。

不是的，沈熙澈。你，不是我的狐狸。

9

故事的结局是这样的。

假如。

我是说假如。

假如我今天没有突发奇想要去什么郊区的松树林,假如豌豆没有很配合地当我的车夫带着我去,假如我们没有在半路上遇见那样样貌相似的岔口,假如不是豌豆硬要走最右边那条七拐八拐的错误路线。我想,我们就不会有幸看到这么美的一片麦田了。

可是现在我们正站在它面前,看着那些风情欢愉的麦子一层层地无拘无束地摇动。他们彼此摩擦出如海浪一样的哗哗声。

豌豆问我,衫衫你听见了吗?

是的,我听见了,那一定是狐狸穿过麦田时为了留下脚印而不小心发出的声音。

你说呢,我的狐狸豌豆?

当图书馆成为战壕

赫 乔

当小说发烧友邂逅高数青年

我对任何一个城市有书架有小说的地方都怀有纯粹的向往，所以到大学的第一件事就是对传说中给力的图书馆进行勘察。小说盛开的地方，看起来温暖得像天国。第一个月，我屁颠屁颠地泡图书馆，触碰偶尔描摹惊喜的书脊，翻一些无关紧要的文字。可能更喜欢那种窝在角落里读书的姿态，跟内容就没什么关系了。就这样一直下去也蛮好。

但是我错了。我渐渐发现，我习惯了在图书馆站两个小时都找不到座位。伟大的小说区充斥着奋笔疾书的好同志，我偶尔会忐忑地瞥一眼摆在他们面前的书，默默地承认了乱码的存在。后来有人告诉我，那是高数。

图书馆小说区，游荡的人分三种：图书管理员、文学院论文提交者，还有小说发烧友。而第三种少得让人掰手指头都觉得资源浪费。至于端坐的人也分三种：高数青年、论文青年和"占座已成习惯，不占不是性格"的类型生物。

当我有幸听闻一种叫作"占座"的校园现象

人类已经阻止不了海大学生上图书馆占座了。这是来海大之后学长学姐给的忠告。第一次被这种场面击中是在期中考试的前几天,我从蒙眬睡意中挣扎着起来,看到姐姐已经拎着午饭回到宿舍,向我们讲述图书馆的占座战况。

几十级的台阶,人群从图书馆门口直排到离最后一级台阶十几米远的人工湖边,秋风瑟瑟袭人冷。图书馆八点开门,姐姐是七点出发,就已经接近队伍末尾。图书馆的怀抱向大家敞开的一刹那,整个世界开始了颤动。

这是海大的人文奇观。记得有人说,当社会指责大学生堕落不学习的时候,海大学生的存在就是刺瞎你们狗眼的。这个是多偏激,我原来这么以为。直到期末考试的来临。

期末考试的前一周,整个人人的网页被图书馆占座的最新播报状态更新和照片分享刷屏了。我们看到挤丢的书和早餐散落在人群碾踏过的大厅,我们听闻被人群拍倒在地的少女又被男生围成圈保护起来,我们知道了传说中的民警驱车直入维护秩序新闻媒体争相铭刻住这一年四度的奇葩场景。

好吧,与此同时,我们宿舍依旧以不二的姿态在宿舍里看电影聊天睡觉,看起来是有点荒废学业了,但是依然会在电影的间隙义愤填膺地翻出课本来看。宿舍没什么不好,如果不够安静,但是心够安静就可以。

回归正题。在图书馆差点成为踩踏事件的硝烟诞生地那天之后,周围的同学开始侵占周围的兄弟大学的图书馆,顺便席卷了市区24小时场地供应的餐厅甚至钟点房。同宿舍的姑娘顺应潮流跑去麦当劳刷夜。

无奈却有爱的图书馆

没有什么图书馆占座的经历，所以我的故事更多是道听途说。

比如说，传说中的各种部长主席发动干事群众早起占座，一占就是几张桌子。近来管理员阿姨们发现了这个不争的事实，为了改变社团内部的腐化局面，她们毅然决然地把几个小时没人的桌面上用来占座的书收进了大厅柜台。

再比如说，一姑娘占好的座又被一娘气十足的男生给占了，这姑娘果断在男生的女友面前上演霹雳娇娃夺夫记，为个座位男生惨不忍睹地带着消退的人品和消逝的爱情宣告完败。

而没有占到座的学霸们，他们蜗居在图书馆的角落里，他们在长长的走廊里对着窗户大声背课文，在荒凉的小院子里坐在台阶上写物理习题，在书架边凑着斜打下来的昏暗灯光演算。没去过几次图书馆，但每次都会收获这样的景象。

当然了，图书馆里有过最有爱的事就是，在座位上你会发现如下字条：本座位十点半到下午两点之间主人不在，欢迎使用。

其实，大学不像我们之前想象的那样，有我们期待的东西，也有一些不曾预料但无法躲避的事。真实的东西在不同的人眼中折射出来的形态总是不一样，我看到的是一个不太适合我的世界，和一个正在渐渐去适合这个世界的我。

如果有那么一个人

李思珊

喜欢你的时候，故意把QQ签名写得扑朔迷离，怕你看懂，又怕你看不懂，哪怕是明知道你不一定会去关注这些小细节。

喜欢你的时候，偷偷在笔记本里夹了一张你写的字条，每天都会抽空瞥上好几回，却不曾让任何人察觉，哪怕上面写的不过是一些简单的注释。

喜欢你的时候，会在遇见你的那一秒，把头埋得很低很低，然后，陌生地与你擦肩而过。

喜欢你的时候，反反复复地听MP3里播放着你听过的歌，旋律不一定优美，却一样听得如痴如醉。

喜欢你的时候，在意你的一举一动，一颦一蹙，一举手，一投足，甚至你空间里每一点每一滴的动态，虽然极少给你评论。

喜欢你的时候，努力在人群中做个特别的女孩儿，不奢求自己有多么优秀，但也要与众不同。

喜欢你的时候，不想和你有交集，努力躲着你，逃避和你交汇的时光，却又在看不见你的时候，焦急地张望。

喜欢你的时候，不愿向任何人提及你的名字，也不愿任何人刻意地提及你，甚至矢口否认喜欢你，却又在你身后，默默注视着你，守候着你。

把QQ签名写得扑朔迷离，不是表白，而是想让情绪得到宣泄。

收藏你的字条，不是喜欢你的字迹，而是字里行间有你的气息。

和你相遇，却装作不认识，不是冷漠，而是不知该如何对你微笑才最美丽。

听你喜欢的歌，不是因为好听，而是歌里唱的是你的心情。

不想给你评论，不是不关心你，而是怕自己的笨拙，会泄露心底的秘密。

想做个特别的女孩儿，不是故作姿态，而是想你想得太过入迷，忘记了时间的嘈杂。

逃避和你交汇的时光，不是羞涩，而是担心遇见你会尴尬。

否认喜欢你，不是心虚，而是觉得，把你供养在心里就好，没必要让大家知道。

不向你表白，不是没有勇气，而是明白，现在爱不是生活的唯一。

请问：你会不会觉得，这个人很傻很笨？

木马旋转旧时光

陌筱旋

1

你一岁，我五岁。

我不喜欢你，实话。不信你问妈。

你从医院出来第一次回家，我就不进房间看你。原因很简单，你睡的是我原本的地盘，现在我被赶出来自己一个人睡了，都是因为你。

你浪费我的娱乐时间，大好时光就消磨在照顾你上，你还总是拉尿到我裤子上，还傻呵呵地笑，我极其鄙视你。

你的出现，全家从围着我转到围着你转，我感觉我被忽视了……

总结，你，我真的不喜欢。

2

你五岁，我十岁。

你很烦，很欠扁。

我写作业，你抢笔；我看偶像剧，你抢遥控器；我去玩，你死拉着我衣角要我带你一起去；我睡觉，你大清早的拖我被子叫我起床……

别忘了，你五岁，我也才十岁，我们可都是孩子，我没学会孔融让梨的精神。你抢笔，我打你手心；你抢遥控器，我关电视；你要跟我，我扒开你的手努力跑开；你吵我睡觉，我锁住你房间门不让你出来……

你很烦，很黏人。

3

你八岁，我十三岁。

你很拽。是世界大战的发起人。

我们像仇人，不像姐弟。仇人相见，分外眼红。只要我们在一起，就会发生战争。我们都是真打，谁也不让谁。妈每次被我们气得不顾形象地数落我们，"谁家的姐弟会像你们一样，看看人家多团结，相亲相爱……"还记得吗，那时我们唯一的默契就是对妈妈还嘴说，"谁愿意跟他/她是姐弟了，上辈子倒霉了才会这样……"

你在我眼里，就是伪君子。在家总是跟我打架，还都是玩真的，没有一点绅士风度。在外面，总是忽悠大家，大人夸你乖，小孩儿全部都屁颠屁颠地跟你混。每次出门大人见我说：

"筱旋，好福气有那么乖的弟弟，你以后要多让着点弟弟哦……"

小孩儿见到我说："占元呢？我们有糖果，要给他吃，他在家吗……"

你在外面的形象真假，伪君子，是应该叫你让着我点才对！

4

你十三岁，我十八岁。

你还算马马虎虎。

距离产生美，这话挺有道理。高中，我一个月回一次家，一次一天半。

我们不打架了（打不过你了，没那么笨还跟你打），我们斗嘴、吵架。每次我回家，回去当晚你特别听话，叫你干吗你就干吗，什么都让着我，让我以为你终于像个男人不欺负女孩子了。结论总是不能下太早！过了一晚，你那邪恶的本质就出来了。

"帮我买冰棒吧！"

"你自己不会去，又不是没手没脚。"

"我……你中邪了吧？不买拉倒，我自己去！"

"等我，我也要跟你去。"你拉着我的衣角说。

"不要跟我！不想跟你一起走。"我像小时候一样推开你的手，努力跑出去。

"就你这龟速还想跑？我让你先跑我也追得上你。"没跑多远，就让你逮住了。

"跑步厉害了不起啊？放手！"我试图挣脱你牵着我的手。

"不放！走吧，我们买冰棒去，你付钱……"你欠扁地拉紧我的手向商店走去。

好吧，我承认，我很享受这样的感觉。

5

你十五岁，我二十岁。

高考结束，按爸的坚持，我在厦门读书，基本半年回一次家。

这一年，学校很变态，开学异常迟，2月25日才开学。所有人都问怎么大家都上课了，我还在家。我受不了大家的询问，决定提前去厦门。

"我准备买十九号的车票去厦门。"我跟你说。

"为什么那么早去？不是二十五号才开学吗？不要，你二十五号才可以走！"你生气了，是舍不得我吗？

没有下文，我们没说话。我知道你下午返校，我不想看你离开的背影，就借口困，回房间睡觉。

三点四十五，你来我房间，坐了很久才开口说："我知道你没睡着，你起来吧，我要去学校了，不打算送我吗？"我知道我瞒不过你，早在不知不觉中你熟记我睡觉时间，装睡怎么能瞒得过你的眼睛。

"等我回来，周五我回来要看到你在家！不然你死定了！"你又威胁我。

"好啦，不那么早走，听你的二十五号再走可以了吧！"半年回一次家，那，就趁现在多留几天，多跟你相处几天吧。

"哎，快起来送我啦！"你总是这样凶我。

送你上车，你还跑下来抱着我说，"等我回来，不可以先走！"

我笑你什么时候像个女孩子了，"好啦，快去学校吧，别在这里毁我淑女形象，我二十五号再走，等你回来。"

流 年 碎 影

单 弦

是夏天了。外面在下着雨，透过阁楼的窗户一眼望去，外面茂密的树木已编织成绿色的海洋，我在夏虫寥寥的叫声里忆起与你有关的点点滴滴。

哥，记得吗，以往的夏天都是在我们心心念念的盼望中到来的。我爱这季节，因为它多雨，女孩子的心思如这细密的雨点，轻柔而透明，我喜欢在落地窗上呵气写下字句。你爱这季节只因它朋友众多，五颜六色的夏虫总爱跑来凑热闹，你带着我穿梭过农田，左手一个知了，右手一只金龟子，不亦乐乎。

炎热的夏天时常让我们满头大汗，好几次我们在客厅的凉席上午睡，我都能听见睡梦中的你小声呓语着"水！水！"我突发奇想，假若把家里弄成个游泳，池那你就能畅快地游个泳了。

于是说干就干，你那天放学回家便看到客厅约四厘米深的水，那浸泡在水里的家具和湿掉的枕头席子俨然组成了一个水上乐园。你果真无比激动，脱鞋带袜扑通一声就往水里跳，不巧的是老妈下班回来看到这一幕"龙颜大怒"，把你整个人拎起来训了一顿。

上帝作证，这绝对在我意料之外，可是你居然供认不讳，只字不提是我干的。为了你这次的袒护，我决定为你做牛做马在所不辞。莫非你那时便听到了我内心的声音，你怎么就真让我当牛做马了呢。

你和我打牌赢了我许多钱，我看着自己的压岁钱一张一张少去，心里甚是不安，于是我便用哀怨的眼神看着你并小声嘀咕着，"让我也赢一回吧。"那时候你多多少少也看了一些赌神赌圣的电影，对自己屡屡胜牌很是满意，你挑眉笑了笑，"钱可以还给你，但以后的家务你来做如何？"

　　我们的契约是两个月，长长的暑假，我把家里能做的家务都包下了，想来我现在要庆幸，若不是你的训练，我也不能学会吃苦和独立。

　　当然，你也有让着我的时候。老妈说我们两个也不小了，再睡一起该让人笑话了，于是我们有了自己的房间，选房的时候你特意把冬暖夏凉的阁楼留给了我，自己要了那间楼梯角的小矮屋。从小玩到大的两兄妹要分开住总归有点舍不得，况且你担心我胆小一个人不敢睡，你就时常跑来坐在我房门口直到我睡下，有时哼哼歌，有时说说你身边的故事。

　　后来我也有自己的故事。

　　有句话叫"依葫芦画瓢"，我不知道我喜欢的那个男孩子是不是照着你的模样找出来的。他出现在学校午后的操场和楼梯间，如你一般高高瘦瘦，街舞跳得很好，有时会和我们初中部的学妹打打球，好似一笑就能抖落一地的阳光。他请我喝过奶茶，对于我的告白也不置可否，就那样任由我跟着他。

　　你似乎看出我的变化，你语重心长的样子和父亲颇为相似，你说，"不是什么人都适合做朋友的"，只可惜那时的我被自以为是的感情迷昏了头。直到我被当成笑话谈论时我才知道自己错了，在学校风雨亭前，你因他一句"她长成那样也好意思"上去就是一拳，我从没想过你竟也有偶像剧中男主角似的英勇，你说，"除了我，世界上不可以有第二个人欺负你！"

　　说真的，那一刻我因为有你这个哥而骄傲无比，你的形象在我眼中如神一般高大。虽然后来你告诉我你和我打牌是出了老千才赢的，讲的鬼故事多半是自己编的，你也曾偷偷向爸妈告我的状，但因你为我受了伤都不吭一声，我便决定原谅你了。

转眼你又高了一截，我也开始写些小文小句在杂志上发表了。你的QQ还用着多年前我为你取的"冬天里的秋千"，好多人劝你把这文绉绉的网名改掉，虽然你总说改来改去太麻烦，但我却因为你的珍惜而感动。你开玩笑问我，"小作家，何时为你哥哥也写个文章？"

恍惚间才发觉太熟悉的人反倒不知如何下手写了，有那么多话想对你说，有那么多的爱藏在心里。

夏天的这场雨下得真及时，我边忆边写倒也让这流年碎影有了原初的模样。不知如今远在丽城读书的你过得如何？有没有人悄悄取代了我的位置？你不在身边的日子，我可觉得寂寞了不少呢。

你知道吗，我偶然间翻阅以前的东西，竟找到十二岁那年的契约，泛黄的纸页上是我们当年歪歪扭扭的字。如果现在再签个契约，我要你"安然成长，快乐相伴，幸福安康"，期限是一辈子。

来，这次该你签字了。

为明天攒故事

小妖寂寂

我在莲花山的小凉亭里遇见一个画像人。

那是一个年龄和我相若的女孩子，清秀的脸上一双乌黑的眼睛闪着聪慧的光芒。我把目光投向她的画板，嗯，画得很不错呢，线条勾勒得认真而细腻。

我忽然来了兴致，问她："嘿，画一幅多少钱？"

"不要钱，"她抬起头来看着我，"只要你给我讲个好故事，我就给你画一幅！"

这奇怪又有趣的交换条件让我瞪大了眼睛，我在她面前的小板凳上坐下，开始去搜索脑海中的故事。忽地灵光一闪，就给她讲讲邱泽的故事吧，刚刚过去的寒假，我把电视剧《爱情睡醒了》给一口气看完，然后就迷上了里面饰演男主角的邱泽。

我开始给手执画笔的女孩儿讲述我的邱泽。

邱泽，当报纸和杂志上都可见他的各种报道和消息，人们都说他"一夜爆红"时，没有谁知道他这一路走来也是经历了很多。年轻的时候他出来兼职派传单，迷茫中被选中当歌手当演员，他不适应还有点儿排斥，爱思考还有点忧郁的他开始在博客上用简洁如诗的语言来表达他的发现、疑惑和对世界的想法。后来他做了方程式赛车手，和伙伴一起登山极限，一起摄影记录，不断地丰富生命，丰富思考，到了后来很自然地回到了演艺事业上，变得更加从容开朗。

我把故事说完，笑着等待女孩儿点头，然后给我画像。

却没料到她把双手撑在腮边，问我："还可以再讲一个吗？"

我皱了皱眉头，心想，难不成是我讲得太好了，虽然有点疑问但还是点了点头。那就再给她讲讲戚薇，《爱情睡醒了》的第二女主角，她也是我欣赏的一个演员。

我喜欢戚薇那天蝎座的霸气与果敢。她原是读传媒录音艺术出身，在大三时，周围的同学都出去实习了，她想，如果就这样按部就班下去，最后也是出来当个技工，不如多尝试新鲜的东西。于是她抱着玩的心态去参加了"我型我秀"活动，结果开启了她不一样的人生篇章……

"那个，不好意思我打断一下，你给我讲的都是别人的故事，你呢，难道你自己没有故事吗？"女孩儿问我。

她的问话一下子就让我愣住了，对啊，我的故事。我有什么故事可以说给她听？《第36个故事》很动人，《爱丽丝梦游仙境》很动人，《美人鱼》很动人，《初恋这件小事》很动人……这些都是我刚在寒假里看过的影片，每一部都讲述了一个美好的故事，可是我自己的故事呢？我忽然有点失落，原来，我是一个没有故事的人。想起去年5月份在看《追逐繁星的孩子》时，我内心有很强烈的欲望，觉得有很多的事情等着我去经历，等着我去丰富自己的内心，我觉得身体内有股力量似乎想冲破躯壳而出。可是后来，这股力量它不见了，不知道在什么时候我就把它给弄丢了。

"我、我没有故事。"我讷讷地对着女孩儿开口。

"每个人都应该有属于自己的故事的。"她盯着我看了一会儿，手中的铅笔开始在宣纸上起舞，看样子是要给我画像了。

我为什么没有自己的故事？上学，放学，回家，吃饭，睡觉，我的生活今天复制昨天，明天又复制今天。连思考都是一样的。我又似乎总是在等待，带着一点儿不安，等待那一天的到来，像受到洗礼那样找到正确的方向，然后开始可以让我全身细胞都活跃兴奋起来的"旅途"。但是似乎到了今天，我才知道自己原来错了，这种等待是多么的虚幻，事实上，没有哪一天是注定的"旅途"的开端，也就是说我等待的那一天，它永远也不会到来。所以，我十六岁的青春才显得如此的苍白和空洞。

"你是不是也在等待？"正在给我画像的女孩儿忽然问我。

"我以前也像你一样，在等，总觉得还不是时候，我和自己说生命不是不丰盈，只是还没到时候。"女孩儿一边挥动着手中的画笔，一边和我聊了起来，"后来有一天，我忽然明白了，要改变，要经历，要丰盈，唯一的办法就是行动。行动就是打破妄想，行动就是要把等待的惰性击得粉碎，所以我背起作画的工具走到了屋子的外面，来到了这里。"

一番话，让我对眼前的女孩儿有了新的认识，我问她："那你为什么要以这种交换条件方式来给我们画像呢？"

"因为我要为明天攒故事。"她轻轻地吐出这句话。

我的心脏在瞬间受到了震撼，为明天攒故事，这是多么动人的一句话啊！我只知道钱要攒，时间要攒，知识要攒，可我从没想过要为未来的自己攒下一些故事。是啊，如果今天没攒下故事，在未来我要拿什么说给自己听呢？行动，立即行动，我忽然想欢呼出声，是的，我明白了，我们不应该被一些所谓的数字（分数、年龄等）束缚了本该热忱而温柔的天性，我们要像个孩子一样勇于去探索……

"我喜欢倾听你们的故事，当我把画像交给你们，那么，你们的故事也就成为我的故事。"女孩儿把画好的图像从画架上取下，递给了我。

我顺势握住了她的手，我在心里说：下次，我一定要给你讲我自己的故事。

谢谢你给的，那片瓦蓝瓦蓝的天空

我在想啊，如果你看到我捂着脸，红着眼一跛一跛地走过，或者在我摔倒不肯让人扶起继续跑完时冲过来扶我，我会不会拒绝？

寒暄过后，挂了电话。心里还是有点感动，我现在走廊，对着只有月光的天空，想了好久好久……

距离再远，关心也很近……

镜 子 狐 狸

冯 瑜

1

每周一清晨五点四十五分,我都会和镜子狐狸聊上十分钟。

"镜子狐狸",顾名思义,就是住在镜子里的狐狸。她是怎么住进去的,我不得而知。我发现她时,她已经在那里了。

第一次看见她时,我惊讶不已——在我家卫生间的镜子里,竟然出现了一只棕色皮毛的狐狸,挡住了直径三十厘米的梳妆镜的三分之二。她在镜子里,或者说是在镜子的另一端更为贴切,我摸不到她,却可以与她交谈。而在她看来,我也同样挡住了她的镜子的三分之二。她只在周一清晨的五点四十五分出现十分钟左右,其他时间的镜子里没有狐狸。

说不清楚为什么镜子里出现的是一只狐狸,而不是小猫或者小熊。她也说不清楚为什么她的镜子里出现的是一个人类而不是其他物种。我们的相遇如同一个被安排好的拼图游戏,一个接口只能与另一个被制定好的接口相连,才能拼凑出一幅完美的图案。

我们所生活的世界相似而又不同。在她们的世界里,狐狸才是能够直立行走、有智慧主宰世界的生物,而人类则是他们困在笼子里供狐狸观看或者只能在野外生存的哺乳动物。她们还有自己的政治、文化、经济、科技、教育……凡是我们的世界拥有的，在她们的世界里都以相同的形式存在着。那是一个狐狸和人类完全倒置的世界。

我告诉父母，镜子里有只狐狸，他们只当我是压力大，有点儿犯傻。看来，只有我才能看到镜子狐狸。

2

不知从何时开始，我们开始聊天了。

镜子狐狸是个初中生，我却快高三了。我不知道现在初一小孩子的脑袋里装的是什么，何况是一只在镜子另一端的狐狸，但我想聊聊天也不错。

很多时候，只是镜子狐狸自个儿讲个不停。我一边忙着刷牙、洗脸、梳头，一边静静地听，听进去了多少自己也不知道。她讲述的内容大致是和谁去了什么地方玩，吃了什么好吃的，逛街买了件什么东西，看了本什么书，去了一间怎样的电影院诸如此类的小事情。每次她都讲得不亦乐乎，直到我说我要去吃早餐搭公交车了，她才停下来和我道别，并约定下周再见。

有一回，她终于忍不住了："你也讲讲你的生活吧。"

我愣了愣，口里还含着满嘴的泡沫，发不出声音。

"我的生活？我的生活是怎样的连我自己都没搞清楚，我要怎么跟你说呢？"我吐掉泡沫，如实地把想法告诉她。

"怎么你跟我的姐姐一样呢？"她有一个比她年长两岁的亲姐姐。小时候两个人常常一起玩，后来姐姐和她疏远了，住在同一所房子里，她们却很少说话。她很想对姐姐讲讲她的生活，可是姐姐总是很忙的样子，让她不知如何开口，而姐姐是不会主动和她搭话的。

"也许……是代沟。"我半开玩笑地说，然后，把手心里的洗面奶抹到脸上去。

"你们人类也这样？"她说道，"如果我有一个妹妹，我就不会那样待她。"

"哦，"我一边洗脸一边搭话，"很难说清楚，我的表姐也不太理睬我。"小时候和表姐一起玩也常斗嘴，后来长大了，各忙各的，也不太在意对方了。可到底在忙些什么呢？自己又说不清楚。我不知道狐狸姐妹是怎样的，也不知道别人是怎样的，我和我的表姐就是这样不冷不热。或许是俩人不住在一块儿的缘故吧？

她对我的答案似乎不太满意："你们人类怎么这么冷漠呢？都感觉不到温暖！对父母也是这样的吗？"

"父母？"我一愣，"这个更不好说了，我是住宿生，每周只回家一次。有时候妈妈会送点儿吃的来学校给我改善伙食，但我们之间的话题不多。"

"我跟父母可是无话不谈的哦，我跟你讲的话几乎都和父母讲过一遍。他们看不到镜子里的你，但他们都相信我的话——镜子里有一个人类女孩儿。"

"哦，是吗？"我利落地扎好马尾，探头扫了一眼会客厅的时钟，六点钟了。今天聊得有些晚了，不知道还能不能赶上公交车。打的的钱相当于我半个星期的伙食费，何况这么早很难打到车的。

"我快迟到了。"我说，"先走了，下周见。"话音一落，我就离开了，来不及等她的回复。

"吃慢点儿，粥热。"妈妈说，"赶不及的话就叫爸爸送你去学校。"

"不了，让他睡吧，他昨晚加班，我自己去就行。"说罢，赶紧把温热的粥倒进嘴里。每次坐在爸爸的车上都找不到话题，不尴尬，但闷闷的。小时候我特别喜欢爸爸，觉得他是英雄，修电视机、装水管……什么都懂。后来某一天，突然觉得他什么都不懂——不知道苏格拉底，也不知道函数怎么算……他又是沉默寡言的人，我们很少说话。

"小心别烫着啊。"

"嗯。"与妈妈的关系稍好一些,但更多的时候是她在唠叨我,我含糊地应几句。

镜子狐狸说的那种"把什么都告诉父母"的情况是有的,却是很久很久以前的事了,遥远得我不知道那是真实的还是只是我的幻想。

我喜欢把心中的秘密统统倒进日记本里再封锁起来。

3

再次见到镜子狐狸的时候,我们并没有提及家庭。

近期的考试,镜子狐狸成绩不佳,闷闷不乐的。她希望好朋友能安慰她,不料好友却因为考得好而高兴得不得了,因此忽略了她的难过。

"她考得不好的时候,我也有安慰她呢。为什么她就不能换过来安慰我一下呢?"她问。

"她知道你考差了吗?"

"我也不知道她知道不知道,大概知道吧?她是我的前桌。我没要求她安慰我,但见我这般伤心,她理应安慰一下才是的。"

"都过去了,下次考好点就是了。"我一边洗脸一边搭话。镜子狐狸的学校离家很近,她并不赶时间,可我今天要考试又要参加升旗礼,得早点到学校。

"谢谢你安慰我,但我更希望安慰我的人是她而不是你。"她说,"你真好,平时你也会这样安慰你的好朋友,对不对?"

"……"我一时语塞。每一次考试,我只关心自己的分数和排名,并没有太注意别人的成绩。偶尔会问一句"你考多少分",但更多的时候是各自忙碌,只是大概知道要好的某位同学比自己考好或者考差了,却不会顾及其他的事情。

"我突然觉得很孤单呢……"她说。

"孤单也没什么不好。"我已经过了多愁善感的年龄,我不知道我们理解的"孤单"是否是同样的东西。

"为什么啊？"

"很难解释，总有一天你会懂的，我走了，下次见吧。"

"这么快？还没到五点五十五分。"

"今天要早点儿到校。"

"好吧。下周见！"

"再见。"

我走出卫生间，抓起放在桌上的牛奶和面包就往外走。今天本来可以多聊会儿的，毕竟我早些出门也不过是在车站站着罢了，可是心里分明有什么东西促使我赶快离开家。

虽然是清晨，却已有几个我们学校的同学在那儿等车了。有的拿本书在看，有的在玩手机，有的在听MP3……一起坐了一年多的公交车了，我们都知道彼此的班级和名字，但谁也没和谁聊过天。路上行人很多，一个个都是急匆匆的。

4

有一回，镜子狐狸告诉我，她收养了一只白色的流浪猫。她还特意把它抱到镜子前给我看，的确是一只很可爱的小白猫。

"喜欢猫吗？养过猫吗？"

"喜欢，没养过，没空儿。"

"养植物吗？"

"养过一株仙人球，一个月没有浇水，死掉了。这种植物一个星期浇一次水就可以了，又是放在电脑旁的，我每周回来都要用电脑，可是偏偏忘记给它浇水。"

"真奇怪啊。"她笑起来，"很少听到你说这么长的句子，常常都是我在说话你在听。你总是很忙的样子，可是，你到底在忙什么呢？"

我皱着眉，吐掉口中的泡沫，我不喜欢薄荷味的牙膏："就是忙，很忙很忙，说不完的忙碌。"

"具体点儿好不好？"她说，"真的就忙得没空照顾动植物了吗？它们那么可爱。"

"当你像我这么忙的时候，你就会懂了。"我弄湿毛巾开始洗脸。

"像我这么大的时候，你也这么忙吗？"

"大概。"我说。今天要检查风纪，得把头发梳好一些才行。

扎好马尾后，眼看时间不早了，我道声"再见"就离开了卫生间。当我忙碌却不知道为什么而忙碌的时候，我不想提起自己的忙碌。这一点很奇怪，但我确实是这样想的。我不知道为什么会这样，但我知道我不能很好地把这些向镜子狐狸解释清楚。

5

我羡慕镜子狐狸的年纪，即使我也曾有过那样的年纪。

在她的世界里，一切都是值得收藏的美好。划过苍穹的流星、宁静的夏夜、不起眼的青草、小熊图案的笔记本、路灯温暖的光……简单的小事会成为她快乐的缘由。

我不记得自己像她这么大的时候是怎么生活的——日记本已经泛黄，潦草的字迹里，几乎都是激励自己的话："你非努力不可""非上重点学校不可""非比某某某优秀不可"……生活就这样在各种"非如此不可"中缓慢而急速地前行。

我已经忘记更早之前的自己为什么而忙碌，因为现在我有更多事情要忙碌。

6

我不知道这样的日子过了多久。当我发现镜子里不再出现狐狸的时候,狐狸已经在我生活里消失一段时间了。正如她的出现一样,我不知道她是怎么消失的。

镜子还在,记忆还在,狐狸却不在了。

有时候我会想,狐狸并不是真的生活在镜子那端的。在人间的某个角落里自由生活的人们,就是狐狸们在人间的模样,他们有血有肉,头脑清醒,拥有情感,喜欢他人,喜欢动植物,热爱自然,也许并不优秀,但幸福快乐。

又或许,她是另一个被我遗忘的自己。我曾年少,我的世界曾色彩斑斓,我听过泉水叮咚的快乐,看过蓝天白云的闲适,只是我在时光里走得太匆忙,以至于忘却了年少的自己。

"如果有一天,你的年龄和现在的我一样,请你好好保持那颗纯洁的心灵。在繁忙中,聆听生活的声音。"狐狸已经不在镜子里了,但是,每个周一清晨五点四十五分,我还是对镜子说这句话,我相信她能听到。

红线绕指，莫失莫忘

水龙吟

我猛然发现，原来我们并不是那么合拍。

鲁迅有一句话是说，不在沉默中爆发，就在沉默中灭亡。

我再一次验证了这种桥段。某一天，你在晚自习之前坐在我的位置上悠闲地翻我东西。以前遇到这种事情我只是沉默地当作没看见，但那次我忽然觉得很生气，甚至有种被人侵犯隐私的感觉。

于是后来我传纸条给你，我说，有一次我翻了你的东西，结果你对我冷眼相待，并且很久很久都没有理我，而现在你却这么理所当然地翻我的东西，让我感到很不舒服。我们相处的方式总是冷嘲热讽，就像我对你诉苦的时候你也只是说，活该。而有时候我真的会受不了。

纸条落入你手中后，我忐忑不安地瞥了瞥你的脸色，是隐忍的疼痛。

纸条再回到我手中的时候多了几行字：冷嘲热讽？或许是吧，我相信你语言的准确性。那么我们绝交吧，我只希望以后大家都能过好。

我变得着急起来，我真的没有要和你绝交的意思。

但是这句话一直没有说出口。它就像棉絮一样卡在我的嗓子里，令我欲语还休。我终是放弃解释。

下了晚自习回到家，母亲要我整理自己的东西。于是我偶尔的一瞥，便看见了旮旯里已经很久没有动过的日记本。我仔细翻阅起来，却发现每一篇日记里都必不可少有你的身影。

初一上学期，我和一个女生吵架。她用很肮脏的字眼来形容我，我气得哑口无言。你信不信呢，她曾经是我最好的朋友。我趴在你的肩膀上哭，嗓子都要哑了也没罢休。你用很温柔很温柔的语气安慰我，轻轻拍着我的头。你说她既然看不起我那么我就应该奋起。你说我不应该为了这种人哭。你说其实我很好很好，只是没有人发现。

第二个学期的时候，你把我的小秘密泄露了出去。你真的是不小心的，我知道。但我还是选择和你闹别扭，因为我觉得我把你当作了最信赖的人，你干这种事情就是你的不对。你沉默地站在我身后，甚至没有像其他人一样委屈地向我辩解。后来你在日记里写，你知道我的小性子、我的坏脾气，所以你选择沉默。这件事你确实做得不好，我生气是应该的。

你把责任都担当在了你自己身上。

我看着日记本上那些文字，忽然泪如雨下。

我对你发脾气耍性子，你都只是默默承受下来，久而久之，我甚至觉得那是理所当然了。你总是对我那么好，好到让我无地自容。

那天晚上，我一直躺在床上翻来覆去睡不着，我犹豫了很久，不知道到底要不要把面子丢到一边，给你发短信求和。最后我吸了吸鼻子，用手机敲出一段长长的话。

我说，其实我一点也不想和你绝交，所以我也不是故意要那么说的。我知道你有多好，我也知道我阴晴不定真的很讨厌，可是，可是我还是不想和你分开。你陪了我那么长时间，我不想就这么失去你。

你很快就回了短信，内容只有八个字——红线绕指，莫失莫忘。

这是河图的一句歌词，我们都很喜欢的一句歌词。

然后我握着手机像傻子一样笑啊笑。

我想，大概每段友谊都会有必不可免的磕磕绊绊，但到最后，我们也还是能够互相扶持着走出那段泥泞岁月。谢谢那些一直陪着我的人，谢谢你们容忍我的小任性。以后的路还很长，我们一定要一起走下去。

小逃亡，大躁动

黄 懿

还有九天，就结束了校长千金的特权。

还有九天，就结束了所有的孤独。

还有九天，中考了。

最后九天，有的故事提前结束了，有的故事意外上演了。

1

周五放学后，两个尖子班的活跃分子纷纷来教学楼前的草坪拍照。我和两位老师站在一边看着他们嘻哈，摆pose，时不时打个招呼。我还是忍不住看着小D。

他也安静地站着，时不时瞄过来，我就赶紧收回视线。其实我还是满怀期待的，因为小T答应我会与我和小D一起拍一张，这样我就可以理直气壮地站在他身边。我想，那是以朋友的名义，instead of 校长千金。

很多人过来邀请，我都只是笑了笑，然后拒绝。除了拗不过陈婷婷，和三个高高的男生拍了张。

我依然在等着，没有说出来的理由，但我依然等着。

渐渐地，人多了，而负责拍照的老师，很快没空了。心慢慢开始失落，抿着嘴，向上天祈祷。可想了几分钟，还是上二楼了。作为校长千金，不可以和他们混在一起太久，爸爸一直这样告诉我。

在二楼栏杆，看着小D的背影，眼眶红了，但泪没有流出来。

人还没有散去，突然又鼓起勇气走下去。给自己一个冠冕堂皇的理由，给陈婷婷份试卷。自己又保持着不苟言笑的姿态来到热闹的人群中，可竟束手无策。看了小D一眼，捂着脸转身又跑回了小D不会回头看的二楼。

还是那个位置，看着小D和小T慢慢走到一起，小t却没有一丝要找我的意思。眼泪在相机闪光灯射出光线的一瞬间随着心坠落，洒在烫手的栏杆上。眼泪模糊了眼睛，再也看不清小D，我躲回办公室了。

也许，我没有跑上来，就会和小D拍到照片。

也许，我本来就是感性的人，即使没有明确的理由，也会潸然泪下。

我没有喜欢小D，只是想找个寄托罢了。

只是以为，他会是让我笑着完成初三答卷的人。

2

陈婷婷找到在办公室哭得稀里哗啦的我。

她抱着我，在开着空调的办公室里，我也只能找到她的体温。陈婷婷是我在这个学校认识的第一个人，现在也是唯一一个真心对我好的人。

她不知道我为什么哭，只是猜测："是因为大家玩得太热闹，你失落了？"我没有应答，这不是原因，却不知怎么把原因告诉她。没有擦干眼泪就被拉出去，因为婷婷说："有眼泪，娇滴滴的才好看嘛！"

楼下没有人了，婷婷一直唠叨着他们班的人有多么担心我，恒江怎么关心，丽莎又怎么内疚……我的手被她拉着，也乖乖地跟着。

婷婷去开车锁，我坐上文静的车，看到很多人眼里掩饰不掉的关心。我还是露出笑容，就像什么事也没有发生，还是平时少有的活泼。被四班的人强行拉出学校。虽然有点怕爸爸骂，还是没有吭声地任他们带我出去。

由婷婷介绍认识的恒江、恒威、苏林坚一起说好去陈婷婷家吃饭。

做饭这等事，对我来说还是稀有词语。虽然爸爸妈妈说我做的饭很好吃，但我却很少肯吃自己煮的。放下刚才的不愉快，我兴冲冲地跑进厨房，抢下苏林坚手中的锅。

结果在洗米的时候，米被倒出了一半，我"啊——"的尖叫一声，苏林坚等人冲进厨房。那种场景可想而知，手中的锅被文静抢走了，然后被踢出厨房。再次偷偷跑进厨房时，我又洒了满地的汤，最后，陈婷婷边擦地边嚷嚷："这里是你的禁地！"以至于后来恒江让我切菜，我也不敢动手。

我还是没在那吃，回去之前，所有人都站在厨房那，打算劝我，苏林坚说："叫她打个电话给她爸爸，让她在这吃吧！"虽然我还是回家了，但我很开心，因为我记得，初二刚转来时，苏林坚是极其讨厌我的。

我知道，不会和那三位男生成为太好的朋友，但至少也是朋友！

第一次，在没有大人的陪同下走出校门，独自光临这个小镇，但也可以算是次小逃亡吧！

3

不知是该开心还是难过的一天。我依然复习，做题，背书，十一点半睡觉。

梦到了小虫。

依稀记得，梦里的小虫，承受了很多。

我起床的第一件事，就是原谅他。

那是上上个星期的事了,小虫的妹妹喝了酒,两个人顶撞后,他妹回到班里说了很多不该说的话。我并不知道事情的详细内容,更没有理会小虫的解释,只是听到别人告诉我后对小虫的道歉说了一个字:"滚!"

这次,除了其他喜欢我的男生在一旁大肆渲染,煽风点火,拍手叫好外,婷婷、文静、同桌都劝我原谅他,我却说什么也不听,硬下心来。直到今天早上,想起了昨天的梦,才想到很多。拿起电话,拨下有好久没动的手机号码。

小虫本不叫小虫,叫小粉红边边,还有一个很有特色的名字:周袁岑。

其实,是他,在婷婷和我不同班后,每天发短信陪我;

即使来到学校了,也为我的小心情跑到老远的商店给我买学校小卖部没有的零食;

冬天时,因为我迷上《宫》而大老远跑来,借手机给我。

坚持了一年半的"晚安"。

每次发烧,都等到凌晨的周袁岑。

很多人都说他只是因为你是校长的女儿才对你好罢了,我都不予搭理,相信他。

4

清醒后,来到四班教室。对于冷清的三班教室,我更喜欢热闹的、有陈婷婷在的四班教室。

三个女孩儿的唠叨声,在小聪进来的下一秒戛然而止。就是他,考上广美,流露出一位未来画家拥有的忧郁。

他一走出去收拾书本,陈婷婷就叫我和他交朋友,我不肯;陈婷婷再说,昨晚人家还发短信给我问你的心情好没,人家多关心你啊!我还是不肯。最后老方法,猜拳决定,意料之中,我输了。想到一中时还叱咤风云的我，还是鼓起勇气，和小聪说："做个朋友吧！"只是状况连连，握手时出错了。

小聪就和婷婷在一旁用我听不懂的方言聊着天，偶然听到的语句，都是令我汗颜的乱七八糟的安慰话。不时抬起头看小聪，低垂的眼皮，微微地点头，一直缄默着，却有一丝微笑孤独地挂在脸上，神情失落而温柔地听着。他的确有种气场，可以用它去掩饰陈婷婷的吵闹，一下子，我竟有一种揪心的失落感，无言中，慢慢地感受着。小聪默默地走出去了，和他形影不离的孤独感觉也和他出去了，看着窗外的阳光下绿得发亮的叶子，那么灿烂，却也有人比自己还孤独。

因为第二轮猜拳又输了，安慰小聪的任务落到我头上。好吧，作为朋友，义不容辞！

坐在小聪旁边，看着他画着眼前的一棵树。

孑然一身，和回答我的"心情不好啊？"时的"还可以"形成反差。我没有再扭头去看他，开始说了很多。

我说的时候，他静静地听着，我选择把视线放在他画的树上，我总相信，这棵树可以寄托他的什么，或许我可以从中发现什么奥秘，或看到什么。画家的心思都表现在他所画的事物中啊！他说的时候很慢，断断续续，似乎略有所思，似乎不知从何说起。

很难得，夏天快近晌午的时候，没有聒噪的蝉声，没有风，所有东西都纹丝不动，给心一个安静的空间。小聪应该不知道，和他说的很多话，都是自己一种微妙的倾诉，也有很多是想告诉自己，却做不到的，希望小聪懂。

看着地上的光斑，我总想告诉他，别只画树，画一下那圆圆的光斑吧，那是太阳的形状！

虽然事情不都发生在同一天，但加起来的时间恰好二十四个小时。

也就在二十四小时，人经历了小逃亡，心经历了大躁动！

二笨+某笨

二笨

某笨，实为我家一条名为笨笨的宠物狗。二笨，即为某个正在胡诌八扯的女孩儿，也就是me。

事实证明，我是1995年破壳而出的，而某笨是2002年才跨入我家大门的，我理应排在它前面。可某个叫笨笨的家伙实在是欺人太甚，总是先我一步讨得所有人的欢心。无奈，我在某笨面前就这样被降了一格，屈居第二。而"二笨"的称号也就在家界广为流传。（不要问我在狗界怎么样，我没调查过。要不，你自己问问它？）

说实在的，我还是很喜欢二笨这个名字的，就像我很喜欢带某笨"压铁路"一样。宽阔的天地里，只有我带着一只狗在一节一节的铁轨上漫步，好不惬意……

当然，这都是在没有火车经过的情况下。

如果我远远地看见指示灯亮了，就会飞快地跑下来。而某笨，总是先迷茫一愣，然后以近似光速向我扑来。几十秒之后，一阵轰隆隆的响声在我们的远处咆哮而过……

然后呢？然后……我不告诉你！我绝不告诉你某个刚刚还在我怀里抖得像筛子一样的家伙在火车走了很久之后，突然跳上轨道，向火车远去的方向气势磅礴地一阵狂吠，有时还会意犹未尽地瞪我一眼。（那个，我好像没做错什么吧？！）

其实，我常常会为某笨的本质而纠结，这怨不得我。你说，若叫一只整天摇头晃脑、动不动就趴在院子里晒太阳的家伙为看门狗，也太对不住那些忠主爱家、恪尽职守的良狗了。可要是叫它为宠物狗，它也太……你懂的。

这不，因为有某笨的存在，我已经几年没见过耗子长什么样子了。

而某笨呢？倒也乐得轻松，每天继续晒它的小太阳。可偏偏邻居家的兔子那天也不知道是哪根神经搭错了，竟跃笼而出，甚至一路跑上了屋顶。（二笨对灯发誓，我真的没撒谎。虽然我至今也不知道它是怎么上去的。）

但是，我想我要说明一下，我家的屋顶和邻居家是相通的，而屋顶的下面，正躺着某个晒日光的家伙。于是，历史上最唯美的一幕上演了。

一只白兔，一条白狗。一个在屋顶，一个在地上。四目相对，深情对望……

可是……

这浪漫的一幕瞬间便被打破。屋顶上的兔子不知怎的，突然脚下一滑，就这么直直地掉了下来！可下面，正是某个一脸迷茫、反应迟钝的某笨啊！

说时迟，那时快。

嘭！汪！啊！

三声齐鸣，某笨应声倒地，其四脚朝天状甚是凄凉。

"该死的大白耗子，我饶不了你！"缕缕晚风中，我似乎听见了某笨哀怨的声音……

跟狗比跑步，我必输无疑。但是，如果对手是某笨的话，就不好说了。

这不，趁着爸妈都不在家，我穿上轮滑鞋就在自家地板上开溜。某笨大概是没见过这玩意，对我是一路尾随。

我加速，它也加速；我冲刺，它也冲刺；我急转弯，它……（净化荧屏，世界和平。）

那个，你知道什么叫天问般的眼神吗？不知道啊？那你问问现在正躺在地上翻白眼的不明生物体大概就知道了。

某笨啊，这不怨我啊，真的不怨我啊！

之后的之后……嘘，我下回告诉你。

我要去献血

左筱错错错

1

最近我是那么的活跃,那么的不安分。

学校组织学生献血,年满十八周岁,体重四十五公斤以上的女生,以及体重五十公斤以上的男生,均可献出自己的那腔热血——二百毫升。

我不是蠢蠢欲动,而是非常地想去献血。献血既能帮助别人,又可以奉献出爱心。更重要的是,还可以促进体内的血液循环和新陈代谢。你说面对如此诱惑,我怎么可以不壮志踌躇?

可非常遗憾的是,我还没满十八周岁,体重也不够四十五公斤,用姐夫的话就是——你去献血?身高不够体重不够年龄不够发育不良营养不足,献你的头啊!

事实上,如果他们要我的头的话,我也是可以献出来的,可是,既不要我的头也不要我的血。

2

百般无奈,我把学生会纪律部部长的证件往脑袋上一套,挂在脖子上四处晃悠——我不能献血，还不能帮助他们献血啊？蜗牛无言，我总是这么的没定性。填表，维持纪律，发派食物，帮助献血者，照顾晕血者等等，在中厅里跑来跑去跑出跑入。

书记这会儿的心情也特别好，笑眯眯地在中厅里看着来献血的同学和我们这些或忙碌或无所事事的学生干部。

"书记，我想献血！"我跑到书记面前大叫，"我还差几天，你就让我去献血好不好？"

书记上下打量了我一番："你？还是不要了。而且差一天也不可以。"

我以为书记会看在我那么想献出自己的一份心意，破个例让我去献血的，谁知那是白日梦。"书记，我真的好想哦，帮我好不好？"

"不行，少一天也不可以。吃晚饭没？还没吃的话过去吃个鸡蛋。"

"书记不公平，为什么他们可以我不可以？"

任我怎么闹，书记还是笑眯眯的。书记你那盆凉水浇得我真凉！我那踌躇的壮志啊！妈妈你怎么不让我早出生一个月？

3

我一边把弄着昨天傍晚血站给我们这些帮忙工作的学生干部的纪念品，一边上QQ和朋友聊天。

前两天发表了说说"最近很活跃，职中联谊想献血我也想。"评论的只有一个，QQ信息却有一堆。

"臭精卫，我不准你去献血！"（专制！霸权主义！强权政治！）

"小丫头，你这小身板献什么血？"（你才小身板！）

"你答应过我不去献血的！"（你不也答应了给我小羊的吗？）

"你发育不良、营养不足、献什么血啊？"（你个杀千刀的才发育不良营养不足！！）

"听说献血很痛的，你还是别去了。"（妒忌，赤裸裸的妒忌！自己不能献血就这么说！）

尽管咬牙切齿的，但有暖暖的感动，还是一一给他们回了QQ信息，哪怕内容都一样——放心，我去人家也不要我的血。

在线的漾哥哥说：这才是乖孩子。能告诉哥哥为什么那么想献血吗？

因为献血既可以奉献出我的爱心，又可以帮助别人，还可以促进体内血液的新陈代谢。我噼里啪啦地按着键盘。我还记得有个出了车祸的朋友因为失血过多而医院血库储存不足调动不及时，就这么离开了。

我希望可以献血，可以帮助别人，哪怕献血很痛，献血后身体会更弱，但或许这种血可以救活一个生命。可是我现在却没有资格献血。

漾哥哥不会知道我那种心情："傻妹妹，听哥哥说，不要干傻事，要乖……"

高三是不允许献血的，所以高中阶段我应该没有机会去献血了，可我是那么的想。高三有位学长偷偷地跑来献血。这是他第二次献血了。

在我吃惊地叫他的时候，他打断了我："不要叫那么大声，让人知道了怎么办？"我说他快高考了，这对他不好。他摇了摇头："放心，学长我身体很好，而且家里会经常给我送好吃的。没关系的，能帮到人就好。"

面对学长，我不知道该说什么。我能做的也只是去动员那些更多有资格献血的同学来献血。

哥哥，从现在起，我按时吃饭，不再挑食，把自己养得胖胖的，长大一点我再去献血好不好？我小心翼翼地问漾哥哥，他很反对我献血。

我知道看了这段文字后他一定会很无奈地叹气，然后发给我一个"嗯"字，很无奈的"嗯"字。

4

我会很努力长大，把身体养得好好的，然后去献血。

后记：这篇文章是我十八岁生日前几天写的，很遗憾高中阶段不可以献一次血。别人总说献血不好，我不这样认为，适量便好。希望各位够资格献血的朋友们积极献出自己的那份爱心。但切记一定要在身体很健康的前提下哦！

飞越沧海

高一丁

还记得去年五月A卷小博"同龄会"栏目里采访过的那个善良淡雅温婉知性的美丽女孩儿吗？哈哈哈，你猜对了，的确不是洋姐！那丫头如今长了一岁，变得更加刻苦懂事，见多识广。于是，小博再次邀请她来讲讲梦想，讲讲接近梦想的过程。高一丁姑娘英文名字是一闪一闪亮晶晶的Twinkle。她说，她要做一只有梦想的蝴蝶，飞越沧海。洋姐说，继续向上飞吧，姑娘，有一天你不断舞动的翅膀定会发出耀眼的光芒！

高二，对于国际学校的学生来说更像是高三。这一年，要把申请国外大学的所有成绩拿出来——托福、雅思、Sat1、Sat2，平时成绩更是不容忽视，有多少人因为平时成绩的不理想与心仪的大学失之交臂。

我学了一年的IB课程预科，一年的IB课程，成绩虽不尽如人意，却也拿得出手；托福成绩拿不到期望的分数，我不会罢休；可Sat考试却像石头一样压在了我的心头，真的好难！美国的学生学习三年的东西，我们只有二三个月甚至更短的时间来应对，还是用外语！

大家可能认为国际学校的学习是玩乐为主，与"刻苦"二字无缘。真是天大的冤枉！单就我所学习的IB课程来说，所用的教材都是美国原版教材，每一本都像砖头一样厚，老师来自不同的国家，口音大都不同，一开始我根本听不懂，但作业需要完成，考试需要好成绩，平时更要精神百倍。别看外教平日里嘻哈友爱简单善良，一旦涉及与知识有关的问题，立马变成黑脸包公冷若冰霜铁面无情。在国际学校，学习的内容与在普通高中的同学不一样，但压力的分量却一样沉重。

今年五月，我的第一次Sat考试，香港……

有了考试这个大前提，香港之旅变得格外紧张沉重，但似乎这只是我给自己的心理暗示，到了香港以后，心情却因为新奇的环境轻松了很多。

以前听说的香港，人潮拥挤，生活快节奏，让我以为香港是个脚步匆匆的城市。其实却不然，香港也是个可以安静享受温润的地方。出了机场，迎着潮湿闷热的空气去赶机场巴士，周边的人都不紧不慢，安静地排队等待。上了车，我学着其他人轻轻地放行李，轻轻地找位子坐下，连说话声也变得轻轻的。

将近一个小时的车程，我没有丝毫刚结束长途旅行的倦怠，一直瞪圆了眼睛看着窗外：新式的楼房配着老式的招牌，还真的和电视剧里有几分相似，街道虽不算宽敞，但也不显局促窄小，更有点儿四通八达的味道。我们走的大多都是山脚下的路，却没有山路的崎岖颠簸，全程平稳顺畅，山上的绿色植被生得郁郁葱葱，和山下的工业化城市完美地融合在一起。不光景色柔美，人也都很友善，从酒店前台的服务人员到街边路过的行人，都十分乐意尽自己的所能帮助你，甚至有一位大叔帮我们引路直到我们办理完了八达通把我们送到地铁站才离开，这对一个初到外地的女孩子来说真是莫大的感动。第一天，这个城市就用温暖的气息包围了我。

终于，让我惴惴的考试来了。考试的地点设在一个很偏僻的中学——乐道中学。考场并不算大，只有二百人同时考试。早上七点钟从酒店出发，坐巴士辗转几站，大概在七点二十分的时候到了考点，那个时候守在门外的人已经很多了，大多数人都捧着书在进行最后一次磨刀。七点四十五分，校门打开，呼啦啦二百人一起涌上二楼，拥到一块板子前面看自己的座位号。（提醒大家一下：不要以为准考证号就是座位号，要注意看板子上的信息，我就是在这里丢人的……）

　　进入考场以后，桌面上有几张纸，都是什么保证书之类的东西，需要自己抄写下来再签名，表明你已经接受了这个考场的规则。这时候，会有老师拿着纸箱收手机，查看港澳通行证、准考证等。考试之前，题目会以一本书的形式下发，里面几乎包含所有科目，考生只需要选择自己填报的科目作答即可。每科考试都是一个小时，监考老师对考场纪律要求很高，一定要按老师的要求来，不然很可能被警告或者取消成绩。每个科目中间大约有十分钟的休息时间，考生可以吃东西、喝水，但都只能在考场外进行，考场里是不许吃东西的。至于上厕所，个人以为小考场还凑合，大考场真的不要去排队上厕所，尽量少喝水才是正道，不然很可能考试迟到，得不偿失。

　　我的那个考场里有一个很有趣的现象，没有人用中文提问题，就连监考老大叔也会配合说英语。我报考的科目是数学一、二和物理。数学部分真是不可小觑啊，无论是一还是二，时刻需要细心严谨，很多同学都是在简单的题目上失分的。Sat考试扣分会按照题目的难易程度调整扣分的多少，简单的题目多扣分，难的题目少扣分，算是比较人性化的考试。数学比物理简单很多，基本都是学过的内容，多看几套题，仔细一些就没问题。物理涉及的内容比较广泛，但不是很深，基本上不会有过多的计算。物理部分考的内容偏向于理论知识，注重学生的理解而不是死记硬背，这点与国内的考试很不同，背太多的公式可能用处不大，了解内部原理才更能拿分。

　　结束考试，并没有一点点的轻松，这次考试对我虽说不是很重要，但多年养成的不服输的性格还真不是一个绝对的优点，也许生活会把我这个"坏优点"逐渐磨圆吧。

　　很小的时候我就有一个梦想，用眼睛与脚步丈量世界。对于一个来自工薪阶层家庭的孩子来说，这个梦想似乎大得有些不切实际。但实现梦想的方法有很多，于我而言就是竭尽全力地争取机会奋不顾身地坚持到底。今天，百分百的努力换来了我的自信与从容，不论将来结果如何，我都不会因为自己不曾尽力而后悔遗憾。前几天，我看到老师的一段话，很受感染："蝴蝶飞不过沧海，不是因为它没有勇气，而是此岸没有梦想，彼岸没有等待，沧海没有舟楫。"

我是一只即将振翅的蝴蝶，我有梦想，彼岸等待我的是我的向往和未来，十几年的知识积累就是我跨越沧海的舟楫。

多伦多大学，我来了！

谢谢你给的，那片瓦蓝瓦蓝的天空

温不柔

"你怎么了？"琐抱着我给他出的题目，关切地问。

"没，缺奶了！"我没好气地用手捶着僵硬得发痛的小腿，该死的抽筋！

"要不我给你踢踢？"

我认真地打量了琐猥琐的眉、猥琐的眼、猥琐的体格、猥琐的……总之，他整个人都猥琐！不然我们全班同学也不会放着好好的名字不叫，会叫这么个外号！我心里有点儿发毛："他不会想报复我给他出的题目太难吧？但为了不丧失我严师的形象，我咬着牙说："好吧……轻点儿！"

琐贼贼地笑，下脚的力度却小了很多。

"喂，你没吃饭啊？"根本没有感觉！

"……"

"啊啊啊啊啊啊……轻点儿！"

我帮琐补习英语。琐有一种特殊的气质，让人一看见他头脑就一片空白，除了两个字——猥琐！

我一开口跟他说谢谢，他就一边转着那本被他转飞过无数次的、破破烂烂的英语书，一边摆着手得意地耸着他猥琐的眉毛："nothing 啦！"

可是，当我满头黑线想跟他说应该是"It is my pleasure！"时，就这么结结实实地想起你了……

坐在我前面的那个兄弟

我们熟识的时候，中央八套正在热播一部电视剧。

暑假的时候，我趴在电视机前因为剧情哭得惊天动地，没想到一开学就听见坐在我前面的你在哼着片头曲。

我像是发现了新大陆一样用力地摇晃着你的肩膀，"喂，坐在我前面的兄弟，你也看那片啊？"

你转过来一脸茫然随即开怀一笑，"是啊，挺好看的。"

"对啊对啊！"

……

然后我们就有一搭没一搭地瞎聊，从剧情讨论到场景，从片头曲讲到剧中服饰。你说得唾沫横飞，我激动得手舞足蹈。不知道的，还以为我们是失散多年的知心老友。

天空下的鸭子

偌大的足球场，我们各自躺在球门的一边。你说我像鸭子。

"鸭子多好啊，憨厚可爱。我就喜欢鸭子。"我不生气，躺在草坪上看着瓦蓝瓦蓝的天空。

"死鸭子！"你也躺着，望着同一片天空。和我不同的是，你还叼着一根草，我觉得是瓦蓝瓦蓝的颜色。

"哼。"我知道你在说我故作坚强，明明很难过，还当作没事人一样。不然呢？哭了几个月了，时而暴饮暴食，时而不吃不喝，失眠到把枕头都戒了，难道还要公之于众？再折磨自己，我做不到。

"你瘦了很多，很憔悴。算了吧！"你叹了口气，我听出了你语气中的意味深长。

算了？本来就算了。不然还能怎么样？

"我放下了。"我心虚地说，声音小到我以为你听不到。

"明天会更好。"你没有戳穿我。

"听歌吧！"

我侧过脸，看到你眯着眼睛。我把音乐调到最大，可是声音依然很小。

那时候我最喜欢的歌是《白马非马》。对，因为我心中的白马跟人跑了，在我心里，我宁愿他本来就是个唐僧。

遥远的距离，最近的关心

后来，我们上了同一所高中。同校，不同班。曾经的知心好友一度也沦为了见面时不尴不尬地打招呼，空姐般礼貌的微笑，却没有过多温暖的话语。蓝颜知己，是不是也就仅此而已？

你又看见我的文发表，"你还用这个笔名？"

"是啊，还用。"我们当初还一起讨论来着，只是我懒，你知道的。既然用了，就不想换了。这也是执着的鸭子该干的事。

再后来，你去了另一座城市。运动会的时候我摔倒了，去医院挂了消炎吊瓶，回来就接到了你的来电。

"你怎么样了？怎么会摔？"

"没事，还死不了。"我笑笑。说真的，还蛮开心的。接到你的电话，我多多少少有点意外，认识了这么久，除了逢年过节的群发短信，你的那串数字都快在我的名片夹里发霉了。

我在想啊，如果你看到我捂着脸，红着眼一跛一跛地走过，或者在我摔倒不肯让人扶起继续跑完时冲过来扶我，我会不会拒绝？

寒暄过后，挂了电话。心里还是有点感动，我现在走廊，对着只有月光的天空，想了好久好久……

距离再远，关心也很近……

最本能的习惯只留给朋友

可以打给ＣＣ吗？不行，她今天刚到福州，还要准备竞赛；ＬＭ？她早就睡了吧！舍友每一个都很体贴，我却不想在人前掉眼泪。这点，我从来都不变。手机里你的备注连名带姓，不带一点儿暧昧。我犹豫着，没想到已经拨了出去。

你接通了，又挂掉。我知道你会以最快的速度回拨过来。接通后，是你一贯的口吻。可电话这边，我却一个字也说不出来。

你问了我好多遍怎么了，我就是说不出来

过了好久，我故作轻松地对你说偷偷在厕所打电话的感觉不错。那天晚上，你破天荒的话少，一直都在听……

好久好久没有说这么多的话给一个人听，觉得苦水都倒光了，哭也哭了，就不再难受了。第二天跟你说我已经恢复成原来那个打不死的小强时，你说没关系，不舒服了就打电话给我，我随时奉陪……你懂啊？我说懂，怎么不懂。哥们儿不就是这样？你看上俏丽学姐的时候，我冒充情感专家给你出馊主意；你心上人拒绝你的时候，我建议你去上"非诚勿扰"……朋友，不就是这样？

……

有的时候觉得自己真的很幸运。有你这么个好朋友，无关于爱情，但不离不弃。兄弟，谢谢你给的那片天空，瓦蓝瓦蓝的，很给力！

与你有关的寂静欢喜

你用你那么好看的字体写纸条过来说:其实我们可以做朋友的。

真的吗真的吗真的可以吗?!我在心里无声地呐喊。我以为你会和别人一样,介怀于我不好看的外貌。嗯,看来我一直都是有长远眼光的,我喜欢的你,怎么能和他们一样呢。

那么,希望我们之间,友谊长存。我写完这几个字,认真把纸条折出了飞机的模型。

春 天 里

亦青舒

　　青丝如瀑，长发及腰，纯白裙裾浅浅飞扬，一个人，总会是另一个人的风景。

　　我坐在窗边，放下温热的黑色晨光笔，仰脸眯着眼往远方眺望。外面是阳光万丈的好天气，林荫道下有季大美女迈着细碎莲步一路走来的美好风景。阳春三月，草长莺飞，我兴致盎然地转身，对后桌男生笑着说："你答应我一件事吧怎么样？"

　　男生手足无措地红了脸，支支吾吾地点头，"好，好……"

　　"现在，立刻，马上，去操场上放风筝。"我的语气有不容置辨的坚决。

　　他立马面露难色："这，这……"我叹了口气，目光一点点地黯淡下来。果然是演技派——季晴芊手撑着一只风筝迈着袅袅步子朝我走了过来，目光里透着鄙视。就当我决定转身完成最后一个黯然神伤的时候，男孩儿终于起身，大有一副慷慨就义的模样："……我去！"说罢便接了季晴芊手里的风筝。随着张舟下楼的脚步声，季晴芊的一只纤纤素手歹毒地捏上我的左脸颊："最毒妇人心。"

　　我不理她，很快楼下风景里多了一只素白纸鸢，衬着那草色浅无柳色如烟，素雅别致。

　　"你上哪儿买的？还不错啊。"

"就巷子口那个老师傅扎的呗……话说回来，你为了一本小说至于这么把人家张舟卖了吗？"

"我要的是小说，你要看风筝，各取所需罢了。"我不动声色地说，心底却有某种不安和愧疚。

季晴芊幽幽地对我说："士为知己者死，我可以理解，可是顾影你能不能告诉我，你除了日复一日地自我剖析观察，还会是谁的知己？"

一语中的，一针见血，我一时竟无言以对。

季晴芊起身推开玻璃窗，仰脸远眺的样子不要命的好看，她抬手略略遮了眼，指尖落下的阳光均匀柔和地铺在年轻姣好的面孔上："春天快来了。"她转头，笑着对我说，"教导主任也快到了。"

那一日下午的第三节课是自习，教室里一片安静，良好地保证了隔壁教导主任办公室传来的暴跳如雷的斥责声的清晰度。

"你多大了啊，居然敢在学校里放风筝？"

字字入耳。我把手伸进抽屉里，摩挲着消失宾妮的《孤独书》，如同背负着十字架。却依然横了心面不改色地做题，维系着自己一如既往的骄傲和冷清。

季晴芊用笔戳了戳我的胳膊，娇嗔里透着一丝愧疚："瞧把人家张舟害的！"我淡定地做着英语完型，提笔下手，一个接一个，绝不含糊，到最后甚至无心顾及隔壁高达六十分贝的训斥声，脑海里也未曾浮起张舟埋头被训的模样。只记得那只素白纸鸢在天幕上高低飞旋，嘴角忍不住上扬。

——祖父还在的春天里，总会亲手扎一只那样玲珑别致的纸鸢。

"你会不会太冷血了点？"季晴芊瞪我。

不知道为什么，我被这句话惹毛了，"准确地来讲，我一直很冷血，如果他不想被训，他完全可以拒绝我，并且，从头到尾，我并没有逼迫他非这么做不可。"我冷冷地对季晴芊说，在她茶色的眼瞳里，我可以看见神色冷漠的自己。

说着，张舟走了进来，我抬眼瞟了一眼，用一种非常轻描淡写、无关己事的语气说："你看他这不是没死吗？"

前桌米小年忽然站起来，涨红了脸，几乎是怒不可遏地对我喊："顾影，你不就是仗着他喜欢你吗，就是不接受也犯不着这样啊，你的骄傲感是这样被满足的吗？！"

班内一片哗然。"米小年。"张舟喝住了她，"别说了。"

我面无表情地收拾书包，踩着下课铃夺门而出。

很快我就明白当初引起公愤是一件多么愚蠢的事情。

每每走在路上，都隐隐听得背后细小却清晰的议论声，眼角余光可以瞟见或左或右的指指点点，更有甚者，在食堂的一列长队里高声嚷道：她以为她顾影是个什么东西？！而在周四的班会上，米小年作为班干部发言，措辞严厉又尖酸："班内某些女生，倚仗成绩好，干出一些破坏班内团结的事情……"晴芊满不在乎地掏出镜子，梳完了刘海儿梳睫毛，于是班里的人把目光齐刷刷落在我身上，带点儿愤然，带点儿小心，带点幸灾乐祸。

恰逢次日我征集文稿，十个人里有九个人理直气壮地朝我摊手耸肩，以"交不了"为中心论点，摆事实举例子地展开辩解。我的脸已经是铁青颜色，但是理智提醒我不能发作，"识时务者为俊杰""好汉不吃眼前亏"等诸如此类的古训事实胜于雄辩地摆在那里，我还有什么话可说呢，我懂得衰亡女子之所以默无声息的缘由了。我转身坐回到自己的位置，马不停蹄地开始写稿。

顶着压力写完了要交的稿子，熬到第二个星期交给了社长。扭头就把一脸惊诧的社长留在了身后，一个人站在天台上。铺天盖地的红霞有着不可思议的柔软，映衬着夕阳西下的最后辉煌，温热的泪涌出眼眶，轻浅地打湿了睫毛。我矫情地想如果镜头伸长后再一寸寸拉短，把这样的孤独一帧帧投放，我会看见的，是一个怎样的自己。

"你还不明白吗?"晴芊的声音在背后响起。

我转身看着她:"……什么?"

"一个人对他人没有起码的尊重,那么他便是孤独的。"季晴芊把北风吹起的发丝撩到耳旁,脸色是少有的严肃认真,"为什么会答应我的赌约呢,一个男孩子对你的心意,还不比一本小说来得厚重吗?"

我摇了摇头,把消失宾妮的《孤独书》递给她,轻轻地说:"我其实,只是想看那只风筝,如果我爷爷在那个地方看得见,他会明白,我有多想念他了。那天,是很特别的日子。"

爷爷教我说,当一只风筝飞在高不可及的苍穹,你的仰望将教会你谦卑;而一只风筝倘若没有风和线,便永远学不会飞翔的姿态。他对我说,要成为一只抵至苍穹的风筝,要学会的两件事是感恩和谦卑。

"晴芊,我不曾忘记他说的话。"我看着她的眼,这样说,"也许我不善于表达我的想法,但是对于身边的每个人,我自始至终,都秉持着一份尊重。"

她沉默地走上前,伸手抱住了我。

"春天只是撩了撩裙摆,就感冒了。"关于这一场倒春寒,季同学是这样精辟生动地描述的。说这话的时候,她由于鼻塞感冒,瓮声瓮气得像个电子女声。

托她的福,我在这一场倒春寒里遇见了张舟。他依旧是一脸温顺、纯良少年的模样。我恍然才明白反衬这种修辞的巨大力量,想起晴芊说过的那句话:皇后为什么那么坏?因为有白雪公主帮衬着。

这么一想,米小年她们对我不遗余力的打击也就成了情有可原的责任义务。

张舟很诚恳地对我说:"对不起。"

我摇了摇头,把写好的那封信交到他手上,埋下头匆匆回了教室。

教室里,季晴芊戴着耳麦在听许嵩的《降温》,我劈手摘下一只填在我耳里。

"挑明了？"

"嗯。"

"好歹人家也是不舍生死地帮你放过风筝的人，何苦这般不留情面呢……"她幽幽地说，我白了她一眼，心里很怀疑是不是因为她，才把我顾影帮衬成了皇后。

听着《降温》到了尾声，跟着就唱了出来：我不相信爱，目前非常缺乏安全感；蜷缩了心态，需要一段时间舒展。

季晴芊恬不知耻地把手伸进我温暖的口袋里，说：顾影，你真是个纯爷们儿。

四月末，风里都夹杂着温暖柔和的气息，清晨走在巷子里，此起彼伏，一片婉转鸟啼。

学校里种的花陆陆续续地绽放，明媚颜色连成一片。季晴芊喃喃地说："唯有牡丹真国色，花开时节动京城。"那句话是我三天前教她的。我凑过去严肃地对她讲，我先不跟你追究现学现卖的问题，我只问你，你哪只眼睛看到牡丹了？

她羞涩又狡诈地笑，我才注意到她今天一身嫣红装束，像一朵绣在窗纱上的硕大富贵花。于是顿时无语成缄默状态。我翻开语文书，《赤壁赋》一页夹着一张纸条，上面写着略带笔锋的宋体字："谢谢你。"

春天里我们有很多无法言明的情绪，春天里我们有迷恋喜欢的风景，春天里有埋在我们心里的秘密。这样温暖的季节，让我们天真地以为每一朵花都能结出一枚果，但是请不要忘记，只有走过四季，才能完成一个年岁的成长。春天里，牢记着最初的梦想，坚定不移地走下去。

我想起写给张舟的信，轻轻地扬起嘴角。

季晴芊起身推开窗，仰脸远眺的样子依旧是不要命的好看，她抬手略略遮了眼，纤细高挑的身影沐浴在阳光里，像一抹明朗颜色的花瓣，她转头笑着对我说："春天真的到了。"

爱里没有偏见

程 萌

1

兔子在被我第N+1次拽到特护班当义教时，终于不乐意了。他也不嫌丢人，抱着大理石柱愣是不撒手："阮维嘉，你有这闲工夫，还不如去补补你那快要烂掉的英语，别有事没事就跟一群聋子、哑巴凑一块儿！你说你除了一张女孩儿脸蛋儿，还有什么像个女的？就算你是脑子短路吧，也别搭上……"

于是，我松了手，不再拖他。我的眼睛里在兔子说哑巴这词时就泛起的氤氲，终于化成小水珠滚落。"你爱抱，就接着抱吧！"我头也不回地向特护班走。"哎，阮维嘉，你哭什么啊！"兔子惊慌的声音在身后响起。

我不是一个爱哭的女生，之所以掉眼泪，也不是因为我的英语成绩，而是我忍受不了任何人歧视特护班身体有缺陷的学生。当然，这不是与生俱来的。我也并非是个正义十足的女生，有这种意识也仅是从那个暑假开始。也许每个人都会在某一瞬间突然长大吧。

2

那日，我百般无聊地躺倒在床上，塞着耳麦听音乐，在切换下一曲时，我听到打开防盗门的声音。我从床上爬起来进了客厅，看见爸爸由一个陌生男人搀扶着，一身酒气地摇着手中的钥匙说："我囡囡在家呢……"

我一脸诧异，陌生男人笑着说："你就是维嘉吧，上高二了，成绩不错吧！"忙着倒茶水的我随口问道："叔叔，你怎么知道我读高二啦？"他将爸爸扶到沙发上："我跟你爸是大学同学，好朋友。我不仅知道这些，还知道你啊，有一个哥哥，一个弟……"我愣了一下："哥哥？我没哥哥啊！"爸爸醉醺醺地接过话："谁说你没有哥哥？你有！你哥一岁的时候……我和你妈才发现……他是哑巴，十七年了，我跟你妈把他扔了。你知道你弟为什么叫维跃吗？……因为，因为他叫维超……"

时间在那一秒凝固了。

哥哥。哑巴。十七年。维超，维跃，超，跃。

3

秦曲，特护班男生，不帅，长相平平但眉目干净，较之特护班其他的男生很阳光。可惜是哑巴。我在翻阅特护生档案时发现他刚好十八岁。于是，很自然地潜意识地把他当成了维超，那个不曾谋面的哥哥。

秦曲不是先天性哑巴，五岁那年经历了一场火灾，声带被浓烟呛坏，再发不出声。他能听懂我们说的话，也能同我们交流，但他不像别的学生那样用手语。而是随身带着便笺和笔，写下要告诉我们的话，字迹很清秀。

第一次见他，他向我自我介绍时在纸上写下名字"秦曲"我脱口而出"秦曲（qǔ）好名字。"他浅笑着拿回便笺，在"曲"旁注上"曲折的曲"。可能"歌曲"对他而言，太残忍，再动听，他也无法吟唱。

原来，上天并不是拥有广阔的胸襟的，他小肚鸡肠，嫉妒别人的完美，从而伤害他们。

4

自"抱柱门"后，我视兔子为二氧化碳，而兔子却厚着脸皮跟着我，见我对他横眉冷对，于是改变战术，每日跟着我往特护班跑。终于在感动我之前，感动了特护班那群需要爱与关怀的特殊同学。

处在无声世界的邱吟舫第一个"感动"得写了粉色心情递给兔子。这封粉色心情却不幸地被兔子的捣蛋同桌发现，他站在讲台上"声情并茂"地朗读"亲爱的徐淼"让班里的女生一片嗤笑，那个常让我们怀疑对兔子有"非分之想"的刘班花刘语谈更是愤怒不已："我们都喊徐淼外号，她凭什么叫本名？是想显示自己特殊？怎么说兔子也是咱们班上一株名草啊！哈，一个聋子还想钓王子？"

于是，刘班花决定为了"徐名草"教训邱吟舫了。所以说，有些人啊，真是无聊到只能靠多管闲事来充实生活了。可是，美貌不一定与善良并存。

5

再去特护班时，邱吟舫手中那张揉皱的信和她眼中决堤的泪引起了我的注意。和她同桌的秦曲不时递过一张面巾，却总也吸不干那闪亮的泉眼里流出的甘泉。秦曲见我来了，撇撇嘴，又指指邱吟舫很无奈的样子。

我夺过信，一边大骂兔子伤人，一边展开。邱吟舫眨巴着红肿的眼摇头。定眼，是刘班花的"战书"。

课下，秦曲同我"交流"。他写："我知道我们这群身体有缺陷的人不能拥有你们健全人的爱，可至少，我们有爱的权利。看到那封信，我很难过，也很愤怒！"我也很愤怒，可秦曲的"健全人"也包括我。如果我告诉他，我和他有相同的看法，他会相信我吗？至少，换作我，我不会。

我多想告诉他："不是所有人都抛弃了你们，至少，我爱你们。"

6

周末回家，家里只有妈妈一个人，爸爸带弟弟去奶奶家了。

饭间，我终于忍不住向妈妈询问关于哑巴哥哥的事。我口中塞满食物，装出一副漫不经心的样子，用不清晰的口腔放几个声调："妈，我是不是还有一个哥哥啊？"妈妈一怔，神色紧张起来："啊？嗯！他是哑巴，扔了。"她故意说得风轻云淡，可她那瞬间泛红的眼睛将她的内心剖析得一览无余。

那，你为什么不去把他找回来？你不爱他吗？那个你怀胎十月，令你陶醉在做了妈妈的甜蜜中的他。我想问，但我很清楚，这只能换来沉默。

秦曲，你比我哥哥要幸福，你的父母不曾将你抛弃。

我清楚我不该，但我还是没能忍住："妈，那，他还找得回来吗？咱们是不是该找……"

"找啊！十七年了，上哪找？当时送他去的那地儿，早拆迁七八年了，就真被人收养了，也不知道搬哪儿去了，更何况——是不是有好心人收养了他呢？还是……饿……死了……"妈妈哽咽了。

我放下碗筷，退回卧房。

为什么总要到失去才后悔，拥有，不珍惜呢？

7

阑尾炎开刀住院三个星期后返校的第一天。同桌人称"八卦女生"的覃娜还没等我放下书包就在我身边嚷开了:"维嘉,兔子不会要转学了吧?"说得我一头雾水。

她一副欠揍的表情:"不是吧,你不要告诉我这么大的事你不知道啊!跟你们家兔子有关哎!"我白了她一眼,住院那么久,就算真的有事,家里也不会告诉我啊!

覃娜故作神秘地凑过来:"给兔子写情书的聋子邱吟舫,死了!"

"你这人怎么这样!强烈鄙视歧视特护班学生的人!"我一边收拾课本,一边跟她调侃,心里确实有点不高兴了。

"真的,不骗你。"覃娜有点急了。我不再理她,盘算着下节课去特护班看秦曲。覃娜揪过一个同学固执地说:"不信问他,邱吟舫是不是死了!"男生还未回答,几个校工在班长的指带下来搬刘班花的课桌,一边抬一边嘟囔:"现在的伢子哦,逼得同学跳河……"我愣了半天,呆呆地看校工离开。

"你现在信了吧!就五天前的事,全校都轰动了呢!"覃娜在我身边低语。

腿脚发软,耳里轰鸣,我甚至能听见自己的心跳声。

许久,才惊起,问覃娜:"是刘语谈的信?"覃娜小心翼翼地点头:"刘语谈被开除了,这几天邱吟舫家里正闹呢!兔子也没脱掉干系,今天学校请三方家长来,你舅舅、舅妈没来吗?"我看了一眼兔子的课桌,覃娜接了句:"别看了,五天没来了!"

第二节语文课,老师讲得唾沫飞溅,我一句也没听见。然后听见一声"报告!"兔子垂着头贴在门口。老师叹了一口气:"唉——进来吧!"兔子瞥了我一眼,回到座位上。

8

下午，特护班又发生了一件令人震惊的事。全体学生殴打校工。

邱吟舫的桌子被校工搬动着，但特护班的学生们一致反对，将桌子拖住不让搬。校工嘟囔了句："你们这群残疾伢，别挡着，闪开闪开！"然后理所当然地挨了揍。

在我看到秦曲，并问及此事时，他"说"："残疾人，也是人啊！为什么要那样出口伤人？"

我开始内疚。如果我不生兔子的气，那他便不会积极去特护班，邱吟舫也就不会喜欢上兔子，刘语谈就更不会找邱吟舫麻烦。又或者我及时阻止刘语谈再次找邱吟舫、劝慰邱吟舫别把那些话当回事，也就不会有悲剧发生了吧！脑里闪过外婆来医院探望我时忧郁的神情，心里像被扯了一下般疼。

秦曲说过：残缺的身体里都包裹着一颗敏感而脆弱的心！

邱吟舫的那颗，受到撞击后破碎了吧！

秦曲，我想用爱保护你不受伤害。哥哥，希望你的身边同样有一个愿意保护你的人。

9

妈妈要我请秦曲来家里做客。自邱吟舫走后，我往特护班跑得更勤了，哪怕大课间二十分钟，我也要花五分钟赶到特护班同秦曲"说"上十分钟的话，踩着铃声回教室。我要做秦曲的太阳，温暖他。

我跟秦曲的妈妈通电话，告诉她我想请秦曲吃饭，周六他就不回去了。妇人说："行，姑娘你人好，看得起这哑巴。"电话里传来两个人的对话："那哑巴死外面得了，妈，别管他！"妇人讨好般："闺女，小点声，读完这半年不花钱的书，就让他回家。爸妈这辈子指望不了他，你好好读……"我尴尬地挂了电话，秦曲在一旁听得真切，眼泪瞬间盈眶。我不知道说些什么好，一路上沉默着。

妈妈见到秦曲时，激动地叫他"维超"。秦曲微笑，任妈妈攥着他的手。

饭后，他"问"我为什么妈妈一直叫他维超。我在他耳边轻轻道出那个连兔子都不知道、爸妈一心想遮掩的秘密。秦曲眼中的神采黯淡下来，他写道："我感谢阿姨对我的关心，却仍忍不住讨厌她，我想，维超也会恨她，为什么一个残缺的人，注定连父母都把我们当成包袱抛弃我们，得不到爱呢？"

我静默不语。良久。然后认真地盯着他的眼睛，向他打了一个手语："我爱你！"

秦曲露出鄙夷的神情，递过一张纸条："因为可怜我？还是赎你父母弃子的罪孽？"

我惊愕地瞪大了眼！

少年突然就笑了，眼眸清澈："维嘉，你像一轮太阳！"

10

十二月接近末期，已经很冷了。元旦将至，同学们忙着选购或自制礼物送给好友。此时离邱吟舫自杀已有两个月，大家对此已不感兴趣，事情是私了的，学校和刘家赔了钱，学校还特地开了晨会，让学生们封口，怕影响不好，毕竟去年刚拿的"家长单位"称号，今年就出了这种事。兔子的桀骜消失了，除几次家庭聚会上必要的招呼，我和兔子没说过一句话。谁也没错，只因为心理上的障碍。

我买了几卷毛线，一下课就兴致勃勃地为秦曲织围巾。覃娜凑过来："送谁呢？真贴心，还亲自动手呢！"我想了想："我哥！"覃娜转身冲兔子嚷嚷："嗨，兔子，你们家维嘉可真贴心哎！亲自动手哦！"我有些窘了，这么多年来我和兔子从不互赠礼物的，原因是我觉得就我和他的关系,太矫情了。

我一把揪住覃娜,拖她坐下:"别胡说!"覃娜拍掉我的手,又转过身八卦:"丫头害羞咯!"

我看见兔子脸红红的,他低下头笑了。

元旦晚会在大礼堂举行,几千人的会场很拥挤。我抽身逃了出来,看见特护班刚入场,秦曲手里拿着一个乳白色牛皮纸袋,小心地掩护着,像护住一个脆弱的生命。同他黑色的羽绒服构成鲜明的色彩对比,眼睛明亮得如同钻石。

他见我后,退出队伍,将纸袋递给我,脸颊被冻得通红。我忙将织了近半个月的围巾塞到他手里。他笑着抱了围巾回到队伍里,浅灰色的围巾像一只温驯的猫缩在他怀里。我看见淹没人海中的兔子眼中的光辉瞬间熄灭。

11

我去天台吹北风。校园内的路灯如同一串珍珠项链,在黑暗里显得夺目而苍白。纸袋内的情侣杯告诉我秦曲误会了我对他的关心,粉色的心形贺卡上,秦曲清秀的字迹在昏沉的路灯下,格外无力:"我爱你"。

兔子在天台找到我时,我快睡着了。他拉着我一路狂奔,到了后台,化妆老师和班主任司老师都气得脸色发青:"你有演出任务怎么可以乱跑呢?这也太……"兔子搓了搓冻红的耳朵,递过一双手套,轻描淡写地说:"送你的。"离开了后台。同样有演出的覃娜凑到我耳边:"你哥好了解你!司老师派同学到处找都没找到着,兔子一出马就带你回来了。"

"你哥好了解你!"小时候也是,我挨了妈妈的打,他总能猜出我躲在哪哭,然后带我打水漂,看着瓦片沿水面一跳一跳地飞跃,他会告诉我:"维嘉,看,难过都吓跑了,别哭了!"

我将手伸入手套,触到一张纸条:"邱吟舫的事,对不起,我也很难过。"

"对不起"。到底应由谁告诉谁呢？

12

期末考试后，秦曲说："维嘉，我要回家了，妈妈不让我读了。"他还说："维嘉我喜欢你，你呢？"我用练习了无数次的口吻笑着对他说："喜欢啊，你在我心里就是素未谋面的哥哥维超啊！"一句话，一个笑，破译了我们青春里的小秘密，如果当时兔子如我这般，悲剧也就不会发生了吧。

秦曲释怀地笑："对，哥哥。"他不知道，一开始就用亲情对待他，是换不成爱情的。

我去找兔子，是自邱吟舫自杀后第一次主动找他，冬日的天台冷，却很干净。我看着远方的云："兔子，你说，如果能回到小时候，该多好！"

兔子敲我的脑袋，宠溺地说："丫头，我们回不去啦！"

是啊，又怎么能回去呢？

13

夜里，裹挟一身寒气回家。妈妈一边责备我，一边端来热牛奶让我暖和一下身子。我接过牛奶，盯着她的眼："妈，秦曲的爸妈不让他读书了，原来爱里始终没有残疾人的份呢！"

她怔住了，木讷地接了句："哦！"退出客厅，进了卫生间。尽管隔着绝音门，还是能听到她的哭泣声，像个委屈的孩子。

快入睡时，她进了我的房间，在我耳边低语："维嘉，那个时候爸妈穷，是真的苦怕了，便更怕有缺陷的儿子跟着我们吃苦啊！"转身欲走，又再折回，在我耳边俯下身。

"维嘉，爱里没有偏见。"

雪割草，开到荼蘼

高萌阳

"您……您好，打扰了。"白衣女孩儿敲了敲窗棂。

"请、请问有人在吗？我找不到回家的路了……"她轻声恳求，银铃般清脆的声音在木屋里回响。

"……"

"能让我在此歇一歇脚吗？"

"我看不见，迷了路。"女孩儿清秀的脸上缠着一圈绷带。

我出生在鬼族，七十一年前，来到这片森林居住。

那一年下了好大的雪，一连数十天，我们找不到任何食物。

妈妈化身成一个老婆婆去村子附近乞讨。

一个小男孩儿在村口，看见妈妈在风雪中瑟瑟发抖，就拿了很多食物给了她，她欢天喜地地拿回来，那些食物让我们熬过了整个冬天。

"要去谢谢他啊！"爸爸说。

他们早晨出门，就再也没回来。

树精告诉我，他们违反了鬼族与人类签订的誓约——永远不踏入人类居住的村子。他们身上重重的寒气足以使人类丧命，尽管他们没有恶意，但还是被阴阳师驱逐。

我盖了一间小木屋，在围墙上种了许许多多的雪割草。细长的茎干，圆润的花瓣，初雪之时，满世界都被白色溢满，风花雪月，一泻千里的烂漫。

我的屋旁有一棵古老的榕树，住在上面的树精是我唯一的伙伴。他告诉我什么时候人类进入森林捕猎，什么时候我该出去躲一躲。

屋子四周用白色鹅卵石整整齐齐地砌出蘑菇园，摆放着各种木头；屋后的小菜园里有水灵灵的梧桐，娇嫩的蔷薇，饱满的塔松，幽香的米兰，新鲜的丝瓜，艳丽的凌霄。

我在屋顶种了一架绿葡萄，夜晚摘下它们，放入嘴里冰冰甜甜的。

我信守誓约——从不踏入村子半步。

我知道，我墨绿色的头发，湖蓝的瞳孔，青色的爪子与隐藏在嘴角锋利的小尖牙会吓到人类。

"您叫什么名字呀？"

"我叫青鬼。"其实我没名字，但我知道人类将灵异的生命叫作"鬼"。

"啊，好有趣的名字。"女孩儿笑了。

"你听说过青鬼吗？"我试探性地问她，"我就是传说中的青鬼啊。"

她呵呵笑着，抬起头，向我蓝色瞳孔的方向望去——看来她是真的什么也看不见。

"人类，怕鬼吗？"

"我爸爸很怕。他说很久以前，他见过鬼……"

"后来呢？"

"后来爸爸说，不要去森林深处。"

"也许鬼没有恶意的，也许，他们只是模样可怕。"

"可那不是他们的错呀！善良的鬼，就算面目狰狞，也没什么可怕的。"她的声音让我想起葡萄架上的绿葡萄，清透，晶莹。我知道这种联想很怪。

我望着她纯净的脸问她:"假如我长得很可怕,你会跑开吗?"

"我的眼睛看不见形状,只能感觉到心灵。再说了,能生活在鸟语花香中的鬼,怎么会很可怕呢?"

瞬间,竟有一丝莫名的感动掠过心头。

时逢初春,女孩儿白色的裙角在我的花园里飞舞,像只刚刚破茧而出的蝴蝶。

"这是雪割草吗?"她摸着一片圆圆的叶子抬起头问我。

"是啊……怎么?你们的村子里没有吗?"我觉得这种植物没有什么稀奇的,森林里到处都是。

"嗯。"女孩儿点点头,"大人们都不喜欢这种花。他们说它在雪后盛放,在雪化前枯萎,身负诅咒与宿命,是种不祥的花。"

"这种花来自我的家乡,是一种坚强象征:命中注定在风雪中独自忍受孤独,只有将整个夏天积蓄的能量释放,孤注一掷,才能绚烂天边,所以花期很短;这也是一种承诺,对生命与爱的承诺。信守与雪的约定,在寒风里挣扎着绽放,纯白无瑕。"这是我的鬼国雪割草的花语。

"这么美好的寓意,我第一次知道呢!"女孩儿兴奋地说,"我也很喜欢这种花,我闻得见它们的香气,就像第一场雪来临时,推开窗子一瞬间扑进屋子的香气。可是从来没有见过它的种子……"她的声音渐渐低下来。

我的嘴角微微上翘:这些花儿的种子,只有寒气很重的鬼才能看得到并收集起来啊。森林里的花儿,还是爸爸妈妈种下的呢。

这么多年过去了,他们,又去了哪里呢?

夏至,鬼族的传统节日,睡懒觉的好日子。

黎明的时候,小屋里溢满了暗暗的淡蓝色微光。靠着那个软软的蒲公英枕头,舒服地陷进去。

"再睡一会儿吧。"我告诉自己。

等到再睁开眼时,满目都是明媚。

"青鬼,您在吗?"

"啊——"我下意识地从床上蹦起来,女孩儿真的又来了……但是我,会不会吓到她啊?没关系,反正她也看不见。心里有一百个声音在打架。

"你好啊,我来早了吗?"

"没有没有,当然没有。"我听见自己的声音里有点儿发颤,莫名地紧张和兴奋。

她注视着我的脸庞,专注的样子很美。

"你的眼睛是天生失明还是有别的原因?"我好奇地问上一句。

"村子里的老人说我的父亲年轻时遭到了一种寒气的侵蚀,好不容易才保住性命,但是我们家的女孩子都看不见……"

我心一惊,难道……

女孩儿感觉到了我的沉默,她笑了笑:"其实这也没什么的……我能感觉到窗外蓝天上的云朵被风吹得飞快游过;能感觉天色从紫色蓝色变成白色灰色黑色;我能感觉到阳光抚摸我的头发;我能想象出青鬼的花园是一片姹紫嫣红;我能闻到雪割草悠悠的清香,听到榕树细碎的沙沙声……"

"那你有没有听到我心中的声音呢?"我漂浮起来,轻轻地搂住她,"我喜欢你啊……"

女孩儿的脸庞染上一层淡淡的绯红,像是一朵蔷薇花。

我拉着她飞起来,穿梭在漂亮的悬铃木中,大大的马蹄形叶片长得密密麻麻生机勃勃,风一吹哗哗作响。茂密的树交织成一个绿色的甬道,树上栖着知了,不知疲倦地叫。

我缓缓吐出寒气,天渐渐地暗下去,下起了淅淅沥沥的小雨。

风吹下几朵嫩嫩的凌霄花,零星的露珠欢快地在花瓣上跳跃,沿着树藤落到女孩儿的长睫毛上,亮晶晶的。

榕树上时不时滴下颗颗水珠，湿润了亮晶晶的鹅卵石。鹅卵石上茸茸的青苔被雨水浸润得无比肥嫩，我好想抓起来吃掉——但碍于自己的形象，只好遗憾地撇了撇嘴。

一个鬼，为了人类而改变自己的行为，这意味着什么呢？

我停下来，拉着她的手坐在榕树下，听小树精鸣出圆润的歌声。

树干被水浸透了，变得斑斓美丽，棕紫色，灰栗色，橄榄色；天被水洗涤了，碧色的蓝，透明的紫。

如果我会让时间凝固的法术，我一定把这一刻定格，收藏在回忆的夹子里，让我在漫长的生命中回味。

冬至。

我用手指点了一簇蓝莹莹的火，点燃壁炉。

我的木屋里有一个真真正正的壁炉！小时候，每年冬天爸爸都会从森林带回许多木头，三个人围坐在壁炉前烤山芋。

炉前铺着一条肥大的羊毛毯，坐在上面软软的。火烧得很旺，火光映在我的脸上，发烫的温馨。

炉火跳跃着，那么美丽：暗红的一团火，镶着炭块，金黄色的火星沿着一条线游走过去，照亮壁炉内侧的一行是我下意识刻下的文字：

你是否知道，有些事，纵然没有结果，却改变了生命的方向？

"这么久了，应该有效果了吧……"我自言自语。

推开木门，天地一色，满目妖冶的纯白。

这个冬天的第一场雪。院子里的雪割草含苞待放，而我，等待着我的女孩儿。

整整一周，女孩儿都没有来。我不知道她是不是按照我预期的方向发展，这毕竟是我的第一次尝试，原来只是听爸爸妈妈说过，有什么副作用，我也不知道……

我坐不住了。

夕阳西斜，哀戚的风，深寒的天。

一天清晨，我被一阵急促的敲门声叫醒，"是她吗？"我暗自欢喜，兴冲冲地跑去开门。

门口一个黑发的中年男子直直地与我对视。

男人没有进门。他的手颤抖着，布满皱纹的脸上写满了恐惧。

"鬼先生，你想要什么都可以，只求您离开我的女儿吧！"男人被恐惧和愤怒折磨得整个脸在扭曲，他鼓起勇气抬起头，直视我的双瞳，"您可知道，我就是侵染了您父母的寒气，才使我的女儿永远看不见！"

"请不要忘了鬼族与人类订下的誓约啊……"男人一下子跪在我面前，"求求您，收回您的魅惑之术吧！"

我是熟练地掌握魅惑之术，只是我发誓从未对任何人类使用。

但这个时候，我百口莫辩。身后的村民有的在哭泣，有的在咒骂，有的在哀求。

我知道女孩儿一头青丝在一夜之间变成了白发。这就是我和她频繁接触的原因——两种鬼的寒气相遇，也许可以解除诅咒，她就可以复明了。雪化的时候，她的头发就会变回原来的颜色。

我违反了契约。我必须离开，否则会像爸爸妈妈一样，灵魂被阴阳师粉碎。

我要回到鬼国去了，那里才是我该归根的地方。

我将离开你。

还你安宁。

女孩儿，请原谅我——

我引入阴冷的潮气，木屋的外侧霎时间被湿漉漉的青苔布满，黏糊糊的绿色植物爬上房顶屋檐；屏风上美丽的花藤被浸染成血一般的红色；壁炉上出现了许多暗绿色的霉菌斑点。圆润光滑的鹅卵石变成了黑色的墨炭块，密布着又滑又冷的腐败物质；石头缝里冒出一朵朵带着红色斑点的、诡异的蘑菇。

花园菜园里所有的美丽的植物都被我连根拔起，取而代之的，是妖娆的曼珠沙华。

我将温馨美丽的小木屋改造成了阴冷恐怖的鬼屋。

曾经的美好，就当是做了一场美丽的梦！梦是如此美妙，但现实却此般恐怖。

这个梦醒来，就请忘了我吧！

一段没有结果的爱情，就像陷在沼泽的羸马，越挣扎，越深陷。

我慢慢戴上了青色的面具。

我知道你一定会来找我，那么当你见到我时，就害怕地跑开吧！

"青鬼，你在吗？"女孩儿躲在半掩的门后向屋里询问，声音中溢满了不安。

我知道，我精心布置的恐怖风景，已经使她心惊胆寒了。

我看到了她的眼睛——那么明亮美丽。琥珀色的眸子，黝黑透亮的瞳孔。

"不是的，不是的，这里不是这个样子的！青鬼，你在哪里？"女孩儿的喊声回荡在阴暗的小屋中，我分明听见心底什么东西支离破碎。

我漂浮在她身后，狰狞的面孔倒映在窗子上。我青色的爪子搭在她的肩膀上，一颗尖牙若隐若现地露在嘴角。

"我就是青鬼，你要找我吗？"

女孩儿哭着向外面跑去，踉踉跄跄，摔倒在大理石台阶上。此刻的我多想飞过去扶起她，把面具摘下来，告诉她不用害怕，其实青鬼是一个帅气的少年。

但是我知道我唯一能做的就是放任这个我深深爱着的女孩儿逃开，看她带着梦境破碎的伤痛，带着无法安慰的惊恐，带着被欺骗的失望，带着不能言说的无法相信，泣不成声地逃开。

女孩儿，如果你回头，能否看见身后狰狞的青鬼，湖蓝色的双眸中，有一滴蓝色的泪水，溅落到黑色的石头上，滴答一声，碎成四瓣。

那个夜晚，世界白茫茫的一片。

雪割草开放了，漫溯于森林中，有一种凄美的味道，清冷的、单薄的、彻骨的寒意，流连其间。

长长久久的冬天到来了，漫天的白雪，将所有的罪恶繁华都掩埋，世界只剩下纯净的一片。

洋洋洒洒的花瓣飘落在雪上，慢动作地缱绻那些漫无边际的记忆。

雪割草绽放，烂漫到无可救药，柔和的圆弧烂漫天边。在风中摇曳，沐浴着飞雪。

如果可以，请不要哭泣。

如果可以，请原谅我在雪化前离开你。

女孩儿终于能看见雪割草，却再听不到那个少年温柔的声音了。

一个雪化的夜晚，她的满头银发变回了青丝；那天清晨，她看到了已经花开荼蘼的雪割草。

它们干枯的枝叶在风中瑟瑟发抖。

女孩儿到处寻找青鬼，但是所有人都遗憾地告诉她：青鬼，已经离开了村子。

有关青鬼的一切痕迹都消失了——小木屋，花园，菜园……只剩下那棵孤独的老榕树。

这一切的一切，就像是一场梦。

漫山遍野的雪割草枝叶飘摇，银白的花朵像雪一样，在风里飘散……

夏日里的那场滂沱大雨

浅 洄

1

那年夏天,我们穿着一样的白色棉布裙,站在阳光下。

你说,喏,打羽毛球的那个男生,我喜欢他。

我说,我也是啊。

2

那年夏天,是从未有过的炎热。吃了一盒又一盒的冰淇淋,还是觉得不够。我躺在凉席上,头上的吊扇呼呼地转着,身下渗出细密的汗液。一地的纸盒,融了的冰淇淋还在流淌,流淌在少年的画像上,染料都花了。

你后背挺得直直的,坐在钢琴前,指尖飞舞于琴键上,一整个盛夏的燥热都在音符中凝结成雨滴,在地面蜿蜒成一条条溪流。钢琴黑色的油漆早已斑驳,少女的光芒又让它熠熠生辉。

你说,这个夏天,要把他喜欢的每首曲子弹得动听。

我说,冰箱里有冰淇淋吧,去帮我拿两盒好吗?甜筒也行。

3

你弹钢琴弹到指尖红肿,你在夜里借着橘色的灯光给他写信,你把你与他的每次相遇记录在本子上,你傻傻地站在雨中等一个下午,只为和他的"不期而遇",一个打招呼的场景也要在心里排练千百遍。他的笑容你会刻录在心里,时常回放。你那么努力地去爱。

你只是不知,爱情不是你的数学卷,不是你努力了,用心了,就会得到高分。

夏日的雨夜,你守着黑暗的窗,黑发垂在黑夜里。我轻轻地抱着你颤抖的双肩,你转头,问我,我好看吗?我重重地点头,嗯,你比整个盛夏还好看。

我们一起笑着,在那个大雨滂沱的夏夜。

4

第一次坐他的单车后座,那么近的距离,我的手臂放于他的腰际,隔着衬衫,传递着体温。

"她喜欢你。"

"嗯。"

"我也喜欢你。"

"嗯。"

你用你的方式去喜欢,我用我的方式去追逐。我们只是碰巧走进了同一段青春,遇见了同一个人。

5

你问我为什么,我只是不语,依着你的肩膀,你亦不躲避。

我和他，没有在一起，不是因为你，我没有那么伟大，会为了友情放弃爱情，我只是不确定，不确定那是喜欢还是爱，不确定这份心情会持续多久。

　　你歪过头，我们靠在一起。

　　那少年，我们把他留在了时光里，送给了青春，送给了那季夏。

6

　　窗外，雨水冲刷着残留的夏。

　　我收拾起了满地的纸盒，束起及肩的长发，我们走过夏天。

　　你依旧端坐于钢琴前，指尖流转于琴键上，我拿起画笔，染料在纸上散开。

　　这首曲子，为你而弹。

　　纸上的少女，是你。

　　谢谢，这季有你。

　　谢谢，一直有你。

与你有关的寂静欢喜

沐子眠

1

如果暗恋也算恋的话,那么我把小小的初恋情思,全部都放在了你身上。

隔壁班的你有一个好听的名字,范如枫。你会把你的名字写成很好看的样子,因为你写得一手好字。年少的暗恋大抵如此,不为什么,只单纯地忠于自己内心的感觉,会因为他的某个优点而对整个人都产生兴趣。于是对你的了解仅止于此的我开始了一段冗长的暗恋。

2

三五个小女生聚在一起讨论男孩子的时候,我坐在一旁随意抓起一本书来看。她们的声音尖尖细细,有刻意压制的痕迹,眉飞色舞的样子,脸颊微微泛红,羞涩得像一枚将绽未绽的花骨朵。

好吧,我承认我一个字都没看进去。

好友F过来问我:"子眠,你有没有哪个中意的男生啊?"于是,一群小妮子都凑过来等我的回答。我捧着书遮住整张脸,故意不去看她们，淡淡应着："你们别闹了，好好读书，天天瞎想些什么呢？"L接过话去指着我说："你呀，纯粹就是一书呆子，哪里懂得我们的青涩小心思呢。这么美好的年纪，就应该找个美好的男生好好谈场恋爱，小说里都是这么写的。"说完就咯咯地笑了起来，眼里满是流光溢彩。

L，我想如果我像你一样拥有那样姣好的容颜，我也会加入你们的队伍，和你们一起分享自己喜欢的某个谁。可是我不能，除了成绩好之外，我什么都没有啊，你要我拿什么和你们站在一起笑逐颜开。

所以我把对你的感情放在内心最深处，从来不轻易表现出来。从朋友的谈话里可以听到关于你的只言片语，偶尔在校园里和你遇见我也只能别过脸不敢去看你的表情。你一定不知道，在某个放学的午后，我以去找同学的名义在你座位上停留了一段时间，偷偷从你的草稿本上撕下了一页纸。我把上面你写的"坚持就是胜利"很认真地剪了下来，贴在了我文具盒的最底层，时不时翻出来看两眼。

我做了一件又一件像这样自认为很有意义但又真的很傻的事。

3

我跑了很多个商店买来一个带锁的笔记本，封面是一棵枫树，地上满是落叶。我固执地认为，这与你的名字是有一种潜在联系的。我像她们一样把自己的很多心情都写在日记本里，里面出现最多的就是你的名字。

有那么一节美术课，我削铅笔的时候不小心割伤了手，看着流出来的殷红的鲜血，我突发奇想，这么宝贵的血怎么能浪费呢。于是我翻开日记本，用血在上面认认真真地写起了字，完全忘记了疼痛，不够用的时候我还狠狠挤出了足够的血源。看着本子上鲜红的"我喜欢你"四个大字，我满足地笑了。范如枫，你说如果等我足够勇敢了的时候我把这四个字送给你，你会不会被我感动到呢？

你看，我就这么心甘情愿地陷在这样一场与你有关的寂静欢喜里。

4

  我更加用功地学习，试图让自己单方面的优秀掩盖掉所有的缺点，努力长成可以和你并肩的样子。

  波澜不惊的日子，我像往常一样走向教室，小夏突然跑过来挡住了去路，对我意味深长地笑："子眠，原来你喜欢我们班的范如枫啊！"我愕然。自己拼命藏着的秘密就这么突然被公之于众，让我感觉像是被谁扇了几巴掌，脸上火辣辣地疼。

  一个班里总有那么几个男生是充当人渣的角色，我佩服他们的智慧，但是为什么要用在那些别人深为不齿的地方，破译别人日记本的密码很有成就感吗？作为管理纪律的班干记了你们几个名字就值得你们这样报复我吗？天知道当时我多想冲到那些人面前给他们两脚，但同时我又深知，自己永远都比不上那些人的无耻。我选择了妥协，找到班主任辞去了所有的职务，从此不再与他们纠葛那些跟我没有一毛钱关系的狗屁班规班纪。

5

  八卦消息的传播速度永远快得让人难以想象，所以你一定也听说了吧，你一定觉得被这样平凡的我所喜欢很不乐意吧，我自顾自地想着这些，就开始像个小偷一样躲着你，心里空落落的，感觉自己一下子失去了所有的光，所有的信仰。

  怎么可以这样，我都还没来得及打算让你知道这一切的。

6

  很久以后，我们分在了同一个班。坐在有你的教室里，我显得局促不安，感觉怎么坐怎么不对劲。

你用你那么好看的字体写纸条过来说：其实我们可以做朋友的。

真的吗？真的吗？真的可以吗？！我在心里无声地呐喊。我以为你会和别人一样，介怀于我不好看的外貌。嗯，看来我一直都是有长远眼光的，我喜欢的你，怎么能和他们一样呢。

那么，希望我们之间，友谊长存。我写完这几个字，认真把纸条折出了飞机的模型。

就把这当作给这段感情画上句点的告别仪式吧。我如释重负地轻轻呵上一口气，用力一掷，纸飞机就开始向着你的方向缓慢飞行。随着纸飞机落地，有一段被称作暗恋的感情也缓缓落下帷幕。

那么深远的时光里，唱着一个人的圆舞曲，我侧耳聆听到的，是这世界上最美妙的声音。

爱的光泽，穿过指尖的缝隙

Aian

1

我和老男人不熟。很小的时候，他于我只是个名词，是个远在天边只会出现在大人口中的人。而我记忆里和老男人第一次相见是在小学二年级的时候。

那天我如往常般放学回家，却诧异地发现堂屋中坐着一位陌生却满脸微笑的中年男子。出于小孩子怕生的本能，我下意识想躲进房间。姥姥却在这时一把拉住了我："那是你爸爸，来，喊爸爸！"我愣愣地站在原地好久才怯生生地走过去，然而始终一言不发。

他摸摸我的头，没有说什么，仍是笑着，转身从包里掏出大把的糖果——全是我爱吃的味道。糖果对孩子的诱惑力向来都是巨大的，我的嘴巴被甜味充斥得满满当当，那声"爸爸"便没能喊出口。

他脸上暖人的笑意，终究是败给了我心中未被融化的疏离。

我和老男人的第一次相见，就这样在我的沉默和他的失落中落下帷幕。尔后，老男人再度从我的世界中消失，我的生活也并未因此而发生改变。他就像是一阵风，匆匆地来，匆匆地走，没有带走什么，亦没能带来什么。

当一年后我终于和他生活在一起时，我才明白，那个老男人，他在我的生命中扮演了何其重要的角色。

2

有些时间的断层是无法被空间的距离所填补的。所以当老男人带我来到那座五光十色的城市并搓着手告诉我以后我们要在一起生活时，我并没有多大反应。

这些老男人心里是明了的，所以他努力地用实际行动向我证明"一起生活"这四个字的重量。

每天的早餐是老男人极尽所能变着花样准备的，唯一不变的是每日一杯鲜牛奶，尽管当时我们只住在一间不足十平方米的小屋中。我爱吃鸡蛋饼，但偏偏极厌恶吃葱，老男人每次做好鸡蛋饼后用筷子将细碎的葱末一粒粒夹出。幼时缺钙缺得厉害，老男人便隔三岔五拎几根大棒骨回家，浓郁的肉香很快便溢满小屋，而老男人总会将手中的白面馒头嚼得用力而香甜。面对我推过去的碗，老男人的回答永远只有五个字：我不吃，你吃。

我不知道老男人做这些动用了多少心思，花费了多少精力，我只看到每次饱食后老男人满足的笑意，仿佛那些美食真的是进了他的肚里。

老男人一直都是这样，沉默却细腻，不知不觉间就将我包裹进温暖里。许多细节都是我长大后回想起才察觉其中的爱意。年幼的孩子哪能读懂如此深沉的爱？老男人却什么也不说，他只是憨憨地笑着。

3

似乎天下的父亲都是这样的——爱却不会表达，总要借助严厉这层外套，这倒也符合老男人的性格。但老男人是爱我的，这点不容任何人置疑。

四年级时，因为老师的一句："你们农村人就是没出息！"幼稚冲动的我负气出走了。在外游荡了一天后被老男人从警察局接回了家。

少不更事，只凭一时冲动，完全不知代价为何物。当一纸"开除"的通知书送到我手上时，我才知道自己错得有多离谱。妈妈坐在沙发上一边哭一边使劲儿扯我的衣服："你说怎么办？你说怎么办？"一句一句，逼得我不知所措。

老男人还是什么也不说，只是不停地抽烟。老男人从不抽烟的，那次却一根接着一根，烟雾缭绕。迷蒙的烟雾中，老男人像是做了什么决定，拉着我出了门。

校长办公室内。年轻的校长一脸傲慢地坐着，旁边的桌上摆放着烟酒——那些花去了老男人数月的工资。我缩在靠门的墙角，惊慌地打量着屋中的景象：那个跟我说了无数遍"人穷志不短"的老男人，正在一遍一遍向坐在椅子上的人道歉，笔直的脊梁弯成了一个卑微的弧度。"孩子太小，不懂事。您大人大量原谅她这一次。我代她向您道歉了。您放心，她以后一定会很乖的。这孩子挺聪明的，不读书就可惜了，来，您抽烟……"老男人双手递上了烟。

泪，瞬间打湿了我的眼眶。老男人背对着我，我看不到他眼中疯狂滋长的屈辱与疼痛，只看到他不断弯下的腰。我清楚地知道让一个男人放弃尊严有多难，可老男人为了我，把尊严放到了地上。

事情终究还是被老男人解决了。回家的路上，我们都沉默着。老男人突然停了下来，蹲下身抚着我的肩，只说了五个字："丫头，你没错。"

那天的风真大啊，眼泪都被吹出来了。

4

老男人一直觉得愧对于我，因为他没能把我留在身边，留在那座五光十色的城市。

初二时，我拎着行李又晃荡回了家乡。临别时，妈妈一直坐在椅子上默默流泪，老男人却笑呵呵地把我送去了车站。到家后给妈妈打电话时，她突然压低声音说："送你走的那晚，你爸偷偷哭了。"

某个周末的清晨，熟睡中的我被一阵紧促的电话铃声吵醒，不满地拿起电话，刚"喂"了一声便听妈妈在电话那边紧张地说道："丫头，你不要去水边玩！千万不要去！听到没有？"我一阵茫然。在妈妈语序颠倒的解释中我才明白，原来是老男人做了一个梦，梦到我披散着头发，浑身湿漉漉地去找他，他喊我，我却一直低着头不说话。老男人吓醒了，醒了后就一直睡不着，刚过七点就催着妈妈给我打电话。

我想笑，笑老男人幼稚，笑老男人迷信。可话未出口，我的声音就不争气地哽咽了。

不久后的某天，我也做了一个奇怪的梦。梦中一片灰色，迷迷糊糊中感觉有人在敲门，打开房门看到是老男人。老男人看了我好久，然后说："丫头，我要走了。"我不解，老男人却不顾我的疑惑，笑着摸了摸我的脸，又自顾自地重复了一遍："丫头，我要走了。"然后转身，一步一步缓慢而坚定地走出我的视线。我突然在那一瞬间明白了他所说的走是什么意思，一种难以言说的恐慌和难过瞬间淹没了我。我想喊住他，却无论如何也发不出声音；我想去追他，但任凭我拼尽全力也无法向前挪动分寸。我只能无力地看着他越走越远，直至消失在我的生命中。

我清楚地知道那只是个梦，可醒来后枕头已湿了一大片。老男人，你可得等我啊！等我长大，等我成熟，等我牵着你的手，带你走过以后的年年岁岁。

5

按照和妈妈的约定，我一星期给她打一次电话，这次接电话的却是老男人。听出是我的声音后，老男人一阵慌张，结结巴巴地向我解释："那个，你妈接你弟去了。我听到电话响就接了。我……我不知道是你。要不我先挂了，你等会再打过来吧。"老男人总是这样，在面对我时会手足无措得像个孩子。

"不用了，咱俩说会儿话吧。"我换了个舒服的姿势倚在墙上。许是年龄大了，又许是我太久没和他说过话了，老男人竟然变得唠叨了，一遍又一遍地絮叨着："你胃不好，不要吃刺激性的东西，咖啡少喝点，在学校疼起来可没人给你灌热水袋。腿也要注意，知道你不爱吃钙片，那就穿暖点儿。别太在乎形象，身体最重要。花钱不能大手大脚，但该花的还得花。你放心，我还没老，供你到大学毕业没问题……"

他每说一句，我都会"嗯"一声，我不知道该说些什么，但我想告诉他，我有认真在听。

絮叨了一遍，老男人沉默了一会儿突然说："你妈想你了。"我愣了一下，然后问："那你呢，想我不？"这次换老男人愣住了。从小到大，我都未曾这样和他逗过趣，这份快乐，是不属于他的。过了好一会儿，老男人底气不足的声音才传过来："不想。"我乐了，这个老男人还是那么倔。"真的不想？"我突然生出了逗他的兴致。"嗯，不想。""真的？""真的！""你确定？""确定！""不反悔？""决不！""再给你一次机会，想不想你的乖女儿？"……

我固执地一直问着，老男人也固执地一直否认着。最后，老男人笑了，爽朗的笑声中透出清晰的幸福味道。我也笑了，伴着老男人的笑声一起。伸出手，张开五指举至眼前，迷恋地看着温暖的阳光穿过指尖的缝隙，有爱的光泽。

我亲爱的老男人，以后如果想我了，你就直接说吧，然后我会告诉你，其实，我也挺想你的。

虚　　宴

简　唯

　　他从门前的军绿色大厚帘子里挤进来的那一刻，带进的一股凉风让我不禁打了个寒战。正是我准备下班回家的时候，可我仍然不得不尽量挤出看似殷勤甜美的职业化微笑。

　　"欢迎光临。先生里面坐，几位啊？"

　　我在说这话的时候把身子向后闪了闪。他倒是笑得有些许和善，稍微偏了下头，说就两位，我和我女儿。又多看了我一眼，哎，小姑娘倒是和我女儿差不多大啊，今天我女儿成年生日呢。

　　他的客气话没引起我一丝的好感。他坐在靠窗边的两人台，开始点菜。我估计他女儿应该还要一会儿才到，心想怎么会这么晚啊，今天本来就是年后开业第一天，按理说哪个学校也不会补课到这个点儿。这个爸爸也没等到女儿来了再点菜，也不怕菜凉了。

　　他的眼睛里泛着酒醉一般兴奋的光，点了"香煎鹅肝""红烧鳝段"七八道价格不菲的菜，我一面说着快下班了厨师不愿意做太复杂的菜了再说先生两个人也吃不了这么多，一面心里想着他能不能付得起钱——他穿得毕竟真的是太寒酸了。

　　我去传菜口和师傅交代了之后，就坐在他旁边的台子玩手机。也不知道是不是他女儿还没来令他寂寞了，他兴致出奇的好，不停地想和我找话说。

"小姑娘，过了寒假该考大学了吧？文科理科啊？"

"现在压力大喽，不比我们那个年代了啊。那时候大学生值钱啊……小姑娘你报自主招生了吗？"

"高三了，学习之余也得注意身体啊。"

话倒是好话，就是听得让我耳朵都出茧子了。我索性放下手机来应付他。"叔叔，您女儿也高三了啊？文科理科啊？"

"我闺女文科啊。这孩子脑子笨，说学不会物理，选了文科。嘿嘿。"

"哦，她报自主招生了吗？"

"没啊。这孩子也是，前两年也没怎么用心。高三了知道用功了，成绩还行。裸分就裸分吧，和人家拼分呗。也怪我了，前两年也没好好管她……"他一副自说自话的神情，陷入了自己的回忆。

我几次起身去给他端菜，心想他女儿怎么还没来啊，不来我怎么能更快下班呢。

"嘿，丫头你怎么才下晚自习啊？也不跟老师请假说你今天生日早走一会儿？快过来快过来，菜都凉了！爸给你点的都是你喜欢吃的！"他说这话的时候脸没朝着门口，倒是我往门口望了一眼，根本没有人的迹象。

他从随身的包里拿出的东西，瞬间让我的心差点停止了跳动。那是一个放着黑白照片的相框。他用手轻轻拂去相框上的一层灰。神情却完全好像是对面有人一样。

"你看看这丫头，外面风大把头发都吹乱了。来快吃快吃！来……"说着，他开始把每个菜一筷子一筷子地往对面的空盘子里夹，"来，你吃着啊。今天爸没买着蛋糕，只能给你唱生日歌了，祝我宝贝女儿能考个好大学。祝你生日快乐，祝你生日快乐……"

我抑制不住内心的恐慌，突然听见楼上有下楼的声音，总算救兵来了。顺着看过去，没错——是蒋菡，和我在同一家店打工的我们班班长。好吧，虽然我已经从高一起就没有搭理她了，连碰巧发现在一起打工之后也不想说一句话。但现在这场面，我还是得感谢她来给我救场吧。

我明明看见蒋菡的眼睛里有过一瞬的慌张，可是当她走到我旁边的时候却变成了纯粹故作惊讶的神情。

"叔叔、莹莹！你们怎么来了？啊，我想起来了，原来今天是莹莹生日啊？我都忙忘了呢！对不起，对不起，真不好意思。"蒋菡拉了我刚才坐着玩手机的椅子过来，却没有坐在对面的空椅子上。

"莹莹，你同学啊？怎么不早说呢？快坐快坐。哎呀，真是巧，这孩子真听话。放寒假了也不歇着，还勤工俭学。对了，你不补课吗？"

这会儿蒋菡居然还能出色地发挥着她的演技，真不愧是校话剧社的骨干，完全无视这个让人吓呆的场面。"我们理科不补课，莹莹她们文科班，更辛苦一点。"

"莹莹，好好跟人家学着，看看你同学都出来打工自己赚零花钱了。同学，你也多教教我们莹莹。来来，你们坐着聊，叔叔我去个洗手间。"说完起身，还回头示意了"莹莹"一个神情。

蒋菡虽然出了一口气，却十分自然，完全无视一旁的我。我刚想问怎么回事，蒋菡却先开了口，"你回去吧，这剩下的我处理。"

"你有那么好的心吗？"我想我此刻一定是失控了。"当初全班人都答应一起不搭理那个讨厌鬼吕思莹，是你非要跟她走得那么近，成心跟我作对……"吕思莹？！莹莹？难怪刚才感觉照片上的女孩儿那么眼熟……

这时候，那个男人回来了，坐回位置上说："莹莹啊，爸爸以前也做得不好，不够关心你，还和你妈妈吵架，爸爸答应你，今后一定不再和你妈妈争执了，让你安安心心地学习。今天你也成年了，以后就是大人了。咱们从今以后都重新开始，好不好？"

"哎呀叔叔，我忘了！"蒋菡突然叫了一声，一拍大腿，"我们店在有顾客过生日的时候都会赠送饮料的，您等一下，我去给思莹找瓶饮料去。"说完不顾一切地拉着我朝二楼走。直到确定楼下的吕思莹她爸肯定听不见的时候,蒋菡才跟我说话。

"你走吧,快点回家去。我说过了这儿的一切都我处理。"

"我不走,事到如今,我非得知道怎么回事不可!你要不说清楚,我就下去自己问……"

"你这个人是怎么回……"意识到自己声音大了,蒋菡立刻捂住嘴,瞧了瞧楼下吕思莹她爸,确定他没听见后才继续回答我。

"好,你要知道是吧?那我告诉你啊,吕思莹已经死了!半年前她就没了!行了吧?"

"什……什么?你开什么玩笑?!"我好像被人迎头浇了凉水一样尖叫起来。蒋菡打了我一下,"你小点儿声行吗?我都告诉你了你还想怎么样啊。"

她继续说:"是真的。吕思莹半年前就从她自己家楼上跳下去了,因为她爸妈吵架。"蒋菡尽力说得轻描淡写,可我明明听出她的语气透着悲伤。

"这怎么可能呢?我怎么不知道?"

"当然是真的。团支书大人这种一心只读圣贤书的好学生怎么会知道这种事呢。你快走吧。"她一面推着我,一面一手拎起旁边的一瓶特惠装的大号果粒橙下楼。

"你的意思是……那吕思莹她爸这儿有毛病了?"我用手指了指自己的太阳穴。

蒋菡没有再作回答,但她用她的眼神默认了我的猜想。

"叔叔,真不好意思,找了好一会儿才找着,剩最后一瓶了。思莹没等急吧?哦,这是我们班同学,她也一块在这儿打工的,我先送她出去。"

"哎,好!好!都是一块的同学啊,以后高考后都来我们家玩啊。哎,莹莹怎么不跟你同学说再见啊?这么没有礼貌。再见啊同学。"

我离开时回头再次望了一眼那一桌子好吃的，八个菜几乎都没怎么动过。我内心叹息着，离开了这场荒唐而虚无的盛宴。
　　饭店外面的大街上，连车都已经很少了，只剩下几盏路灯稀稀落落在亮着。可是，天却没有那么冷了。